北京联合大学学术著作出版基金资助
言语听觉康复科学教育部重点实验室资助

刘晓明　著

听障大学生阅读理解监控的眼动研究

社会科学文献出版社
SOCIAL SCIENCES ACADEMIC PRESS (CHINA)

序

获悉刘晓明博士撰写的《听障大学生阅读理解监控的眼动研究》一书即将付梓，感到十分高兴。晓明邀我为其作序，思量再三，作序乃大家所为，我感到还是写点读后感为妥。

本书的一个关键词是阅读理解监控，这是元认知研究领域的一个热点问题。阅读理解监控是指阅读者在阅读理解的过程中，将自身的阅读理解活动作为意识对象，不断地进行主动积极的监视、评价、控制和调节。已有大量的研究表明，阅读过程是一个具体认知加工与元认知策略共同发挥作用的过程，阅读理解成绩与阅读理解监控水平之间存在着显著的相关性，阅读理解监控水平的提高能有效提高阅读理解成绩。

听障学生由于听力损失，视觉信息的输入成为他们获得信息的主要渠道，因此阅读理解能力对其学习、生活以及社会化发展程度具有重大影响。然而，从现实情况来看，大部分听障学生的阅读理解水平只相当于比其小两至三岁的普通学生；另外，从有关研究结果来看，听障学生更注重文本的局部信息，而忽略或难以把握文本的整体信息，产生这些现象的重要原因之一是听障学生阅读理解监控水平较低。刘晓明博士的研究将听障大学生阅读理解与其监控水平联系起来，这对了解其阅读过程与理解监控过程及其特点，并为其制订科学有效的阅读理解训练方案具有重要的理论及实际意义。

本书主要通过五个实验探讨了听障大学生阅读监控的水平与特点，提出并论证了干预训练方案的合理性与有效性。研究结构清晰，逻辑严密，叙述完整，结论可信。

另外，刘晓明博士在研究方法上进行了大胆探索，将眼动技术引进实验，提高了实验的精度与效度。尤其值得关注的是，将相关的眼动技术作为评价阅读理解监控水平的指标，这无疑对传统的"错误检测"实验范式做了有益的补充。

综上所述，本书的问世，为探索提高听障大学生阅读理解监控水平与阅读理解成绩的方法与途径、改革特殊教育学校课程与教学提供了借鉴与新思路。我十分期待刘晓明博士能继续努力，在后续的研究中取得更加丰硕的成果。

杜晓新

2014 年 4 月于华东师范大学田家炳书院

目 录

引 言 …………………………………………………………… 1

第一章　国内外听障学生阅读研究概述 ………………… 4
一　国外学者对听障学生阅读理解的研究 ……………… 7
二　国内学者对听障学生阅读理解的研究 ……………… 12

第二章　阅读理解监控研究概述 …………………………… 18
一　阅读理解监控的界定 ………………………………… 18
二　阅读理解监控与阅读理解过程 ……………………… 39
三　阅读理解监控的影响因素 …………………………… 42

第三章　阅读理解监控的研究方法及本研究的总体设计 … 45
一　阅读理解监控的传统研究方法 ……………………… 45
二　阅读理解监控的眼动研究方法 ……………………… 47
三　本研究的总体设计 …………………………………… 56

第四章　听障大学生在通达与非通达条件下阅读理解监控的眼动研究 ……………………………………… 60
一　实验目的 ……………………………………………… 61
二　实验方法 ……………………………………………… 61
三　结果分析 ……………………………………………… 67

四　讨论 …………………………………………………… 74
　　五　结论 …………………………………………………… 78

第五章　听障大学生在句内不一致与句外不一致条件下阅读理解监控的眼动研究 …………………………… 80

　　一　实验目的 ………………………………………………… 81
　　二　实验方法 ………………………………………………… 81
　　三　结果分析 ………………………………………………… 86
　　四　讨论 …………………………………………………… 93
　　五　结论 …………………………………………………… 97

第六章　听障大学生在矛盾信息的不同间隔条件下阅读理解监控的眼动研究 ………………………………… 99

　　一　实验目的 ………………………………………………… 99
　　二　实验方法 ………………………………………………… 100
　　三　结果分析 ………………………………………………… 106
　　四　讨论 …………………………………………………… 120
　　五　结论 …………………………………………………… 125

第七章　听障大学生在矛盾信息处于不同组织结构条件下阅读理解监控的眼动研究 ……………………… 126

　　一　实验目的 ………………………………………………… 129
　　二　实验方法 ………………………………………………… 129
　　三　结果分析 ………………………………………………… 134
　　四　讨论 …………………………………………………… 140
　　五　结论 …………………………………………………… 142

第八章 听障大学生在告知与非告知条件下阅读理解监控的眼动研究 …………………………………………… 143
一 实验目的 …………………………………………… 144
二 实验方法 …………………………………………… 145
三 结果分析 …………………………………………… 150
四 讨论 ………………………………………………… 155
五 结论 ………………………………………………… 158

第九章 总结与展望 …………………………………… 159
一 研究总结 …………………………………………… 159
二 特色和创新 ………………………………………… 166
三 研究展望 …………………………………………… 167

附 录 …………………………………………………… 170
实验 1 所用材料 ……………………………………… 170
实验 2 所用材料 ……………………………………… 172
实验 3 所用材料 ……………………………………… 174
实验 4 所用材料 ……………………………………… 178
实验 5 所用材料 ……………………………………… 182
全日制聋校义务教育语文课程标准（草稿） ……… 185

参考文献 ………………………………………………… 206

后 记 …………………………………………………… 218

引　言

我们身处一个信息爆炸的时代，各种信息铺天盖地、五花八门，人们获取信息的途径和方式很多，但最重要的当属阅读。人才源自知识，而知识的获得跟广泛的阅读积累是密不可分的。"书中自有千钟粟""读书破万卷，下笔如有神"等表述，无不强调了阅读的作用。在人类获得的外界信息中，有80%～90%来自视觉通道。在科技高度发达的当今社会，个体获取知识的方式很多，但谁也无法否认的是，阅读仍是一种最主要的途径。无论在工作、学习还是生活中，阅读都是一项非常有价值的技能，是人们与外界保持联系的重要途径。诚如当代著名语言学家、语文教育家张志公在为"阅读学丛书"所作的总序中所指出的，"阅读是一件非常重要的事情，因为从阅读中人们可以受到思想的教育和情感的熏陶，可以获得种种所需要的知识，从而能够得到精神上的充实和享受"。阅读是人类获取知识的最主要的途径，目前阅读作为一种利用视觉获得语言和信息的方式，已经成为个体生活中必不可少的活动。

由于听力损失，视觉信息的输入成为听障学生获得信息的主要渠道。与健听学生相比，阅读理解能力的高低对听障学生的学习成绩、受教育程度、生活质量以及社会化发展程度的影响更大。因此,提高阅读理解能力对听觉通道缺失的听障学生而言意义非凡。它是听障学生增长知识、提高素质、适应社会生活,回归主流社会的重要手段和途径。①

但从现实情况来看,当前聋校语文教学情况不容乐观。有研究指出,目前聋校语文教学效率并不高,大部分九年级的学生在毕业班时阅读普通报刊还比较困难,写出的句子语法错误也较多。② 阅读理解能力差无疑会影响听障学生对其他各科知识的掌握。调查发现,当前聋校90%以上的学生看不懂或不能完全看懂教师的教学口形,近70%的学生表示看教师手语也有困难。可见聋校的主要教学语言(口语和手语)并没有完全起到传递信息的作用,要想提高听障学生的知识获得质量,必须强化书面材料的阅读能力。

鉴于阅读对听障学生的重要意义和目前融合环境的限制,无论是国内还是国外,"阅读"一直是聋校语文教学中的难点和重点。世界著名教育家——美国洛特大学教授莫尔斯(D. F. Moores)认为,聋人心理学研究中最重要的是读、写、算,而其中读是基础。张宁生指出,要使聋健沟通少一点障碍,必须把立足点放在提高聋人语言文字的能力上。大量阅读是基础教育的起点。"不能阅读"和所谓的文盲不同,它是指读了一本书或一篇文章,却弄不清楚里面在说什么。因此,关注听障学生阅读、寻求提高他们阅读效率的方法已成为当前心

---

① 穆昕:《听觉障碍中学生汉语阅读理解模式研究》,硕士学位论文,辽宁师范大学,2005,第10页。

② 何文明:《聋生语文学习情况调查研究》,《中国特殊教育》2001年第1期。

理学、教育学和特殊教育领域亟待解决的重要课题。①

在听障学生阅读方面,国内外的研究大多集中在语音编码及其与阅读的关系上,涉及阅读理解的研究较少,仅从词汇知识、句法知识、背景知识以及阅读提示策略角度探讨了对阅读理解的影响。② 但是,在听障阅读已有的研究领域中,尚未出现对阅读监控能力相关的系统成果介绍。而根据较为成熟的针对学习困难领域的监控研究可知,阅读理解监控能力属于元认知研究领域中的核心技能,学习困难学生的阅读理解成绩与阅读理解监控能力相关,而且通过对学习困难学生元认知监控进行训练后,他们的成绩得以显著提高。这充分说明阅读监控能力的干预有效性。③ 既然听障学生的阅读监控能力低是导致他们阅读理解成绩差的主要原因,那么是否可以通过对监控能力的训练与干预达到提高听障学生阅读理解能力的目的呢?

本研究希望通过实验探讨听障大学生是否具有阅读监控能力;如果具有,他们的阅读监控能力又是处于什么水平;是否可以通过实验干预提高他们的阅读监控能力。只有对听障大学生阅读理解监控能力有了清晰的认识,才能提出可行的教育干预方案,更重要的是借此提高他们的阅读能力,增强其阅读效果,进而提升他们的整体生活质量。

---

① 黄红燕:《关于聋生书面语言技能的培训及训练》,《中国特殊教育》2004 年第 4 期。

② 穆昕:《听觉障碍中学生汉语阅读理解模式研究》,硕士学位论文,辽宁师范大学,2005,第 13 页。

③ 刘晓明:《听障大学生阅读理解监控的眼动研究》,《中国特殊教育研究》2012 年第 1 期。

第一章　国内外听障学生阅读研究概述

由于听力损失，视觉信息的输入成为听障学生获得信息的主要渠道。阅读理解能力对听障学生的学习、生活及社会化发展影响巨大。为了全面地了解听障学生的阅读特点，我们首先对国内外听障学生阅读研究做一系统梳理。

听觉障碍又称听觉受损、听力残疾，是指感测或理解声音的能力的完全丧失或部分降低。听觉障碍可能由各方面的生物和环境因素造成，由于各种原因导致双耳听力丧失或者听力减退，以致听不到或听不清周围的声音，包括言语声，影响日常生活和社会参与。有能力理解声音的生物都有可能患上该疾病。

我国于 1987 年和 2006 年，分别进行了第一次和第二次全国残疾人抽样调查。1987 年所用的听力残疾的定义是：听力残疾是指由于各种原因导致双耳听力丧失或听觉障碍，听不到或听不真周围环境的声音，从而难同一般人进行正常的语言交往活动。① 用于听力残疾评定标准的听力测试频率只有

---

① 狄亚、于文芳、檀英：《中国 1987 年残疾人抽样调查资料》，全国残疾人抽样调查办公室，1989。

0.5、1.0、2.0kHz，没有4.0kHz。2006年第二次全国残疾人抽样调查[①]，将听力残疾与语言残疾分开定义及分级，在听力测试频率（0.5、1.0、2.0、4.0kHz）和听力残疾分级上，也做到了与世界卫生组织推荐的听力残疾标准一致，强调了永久性听力障碍，同时考虑了影响日常生活和社会参与等功能障碍因素。

我国参照国际标准制定了中国听力残疾标准，把听力残疾分为四级。[②]

听力残疾一级 听觉系统的结构和功能方面极重度损伤，较好耳平均听力损失≥91dBHL，在无助听设备帮助下，不能依靠听觉进行言语交流，在理解和交流等活动上极度受限，在参与社会生活方面存在极严重障碍。

听力残疾二级 听觉系统的结构和功能重度损伤，较好耳平均听力损失为81～90dBHL，在无助听设备帮助下，在理解和交流等活动上重度受限，在参与社会生活方面存在严重障碍。

听力残疾三级 听觉系统的结构和功能中重度损伤，较好耳平均听力损失为61～80dBHL，在无助听设备帮助下，在理解和交流等活动上中度受限，在参与社会生活方面存在中度障碍。

听力残疾四级 听觉系统的结构和功能中度损伤，较好耳

---

① 孙喜斌、李兴启、张华：《中国第二次残疾人抽样调查听力残疾标准介绍》，《听力学及言语疾病杂志》2006年第6期。

② 孙喜斌：《第二次残疾人抽样调查听力残疾标准介绍》，《中国听力语言康复科学杂志》2001年第1期。

平均听力损失为 41~60 dBHL，在无助听设备帮助下，在理解和交流等活动上轻度受限，在参与社会生活方面存在轻度障碍。

我国两次残疾人抽样调查听力残疾评定标准的分级情况①见表 1-1。

表 1-1　1987 年与 2006 年残疾人抽样调查听力残疾评定标准

1987 年第一次残疾人抽样调查听力残疾评定标准			2006 年第二次残疾人抽样调查听力残疾评定标准		
类别	级别	听力损失程度（dBHL）	类别	级别	听力损失程度（dBHL）
聋	一级聋	≥91	听力残疾	一级	≥91
聋	二级聋	71~90	听力残疾	二级	81~90
重听	一级听力	56~70	听力残疾	三级	61~80
重听	二级听力	41~55	听力残疾	四级	41~60

对于丧失听觉能力的听障学生而言，视觉通道显得尤为重要。梅次开在其对听障学生口语、手语、书面语使用情况进行的调查中发现，有 55.7% 的聋生认为将来走上社会参加工作后，与人们交往的语言主要是书面语言，即在目前绝大多数健听人不能够掌握手语的社会环境中，听障人群更倾向于选择使用阅读文字和书写文字的方式实现与健听人的交流与沟通。②1993 年颁布的《全日制聋校义务教育语文课程标准》指出，语文教育要跳出"聋"的限制和束缚，从多方面、多视角，

---

① 孙喜斌、李兴启、张华：《听力残疾标准解读》，《中国残疾人》2006 年第 5 期。
② 梅次开：《上海市 1999 年聋校初中毕业生语文阅读能力的测试与分析》，《特殊教育研究》2000 年第 3 期。

以多种方式发掘每一个聋生的学习潜能，要求聋生能读懂日常应用文和通俗文章，有初步分析、概括段意和文章主要内容的能力，初步学会运用多种阅读方法，具有独立阅读的基本能力、良好的阅读习惯。注重发展感受和理解能力，具有初步的欣赏和评价能力，有较为丰富的积累。九年课外阅读总量应在200万~250万字，从一年级到九年级，阅读课时量应占语文课总量的2/3。所以阅读不仅是听障学生获取信息的主要途径，也是回归主流社会的必备能力。阅读能力的高低对听障学生各方面的影响远远大于健听学生。① 因此关注听障学生的阅读理解水平，已经成为心理学、教育学以及特殊教育学的重要任务。下面将对国内外听障学生的阅读研究情况做一简单梳理。

一 国外学者对听障学生阅读理解的研究

国外对于听障学生的阅读理解的研究开展较早。1916年，宾特那和帕特森（Pintner & Patterson）就使用"伍德沃斯和威尔斯测验"（Woodworth and Wells Test）对年龄为14~16岁的听障学生进行了评定，结果发现他们在阅读理解方面的平均分数只相当于7岁健听学生的水平。② 此后的研究中也有类似的

---

① 穆昕:《听觉障碍中学生汉语阅读理解模式研究》，硕士学位论文，辽宁师范大学，2005，第10页。
② I. B. Balow & R. G. Brill, "An Evaluation of Reading and Academic Achievement Levels of 16 Graduating Classes of the California School for the Deaf, Riverside," *The Volta Review* 77 (4) (1975): 255–266. Kdelly, "The Interaction of Syntactic Competence and Vocabulary during Reading by Deaf Students," *Journal of Deaf Studies and Deaf Education* 1 (1996): 75–90.

结果，Jensema 使用"斯坦福成就测验"分析了听障学生的得分，发现8～18岁听障学生的语汇平均分数，只达到健听学生入学前到小学二年级的水平，14岁听障学生的阅读理解能力也只有三年级的水平；[1] Wrightstone、Aronow 和 Moskowitz 曾对5000多名10～16岁的听障学生进行研究，结果发现只有8%的听障学生的阅读水平在4年级水平以上，10～11岁被试的阅读水平为二年级，15～16岁被试的阅读水平为三年级。[2] Trybus 的研究表明，8岁听障学生的阅读成绩大约相当于小学二年级的水平。[3] 1991年，美国"测量与人口统计研究中心"（Center for Assessment and Demographic Studies，CADS）的一项报告也指出，13～14岁听觉障碍学生的阅读理解能力仅相当于三年级或四年级的阅读水平，而且他们的阅读能力每年只增加大约0.3个年级。[4] 总结国外学者对于听障学生的阅读研究可以得到的较为一致的结论是：与健听学生相比，听障学生阅读水平低。[5]

此外，除总体的阅读水平低之外，听障学生阅读理解能力

---

[1] D. Jensema, *The Relationship between Academic Achievement and the Demographic characteristics of Hearing - Impaired Children and Youth*, (Washington, D. C: Gallaudet College Office of Demographic Studies, 1975).

[2] J. Wrightstone, M. Aronow & S. Moskowitz, "Developing Reading Test Norms for Deaf Children," *American Annals of the Deaf* 108 (1963): 311 - 316.

[3] R. Trybus, *Today's Hearing - Impaired Children and Academic Profiles* (Washington, D. C.: Gallaudet Research Institute, 1985).

[4] P. L. McAnally, S. Rose & Quigley, *Reading Practices with Deaf Learners*. Austin, TX: PRO - ED (1999).

[5] 穆昕：《听觉障碍中学生汉语阅读理解模式研究》，硕士学位论文，辽宁师范大学，2005，第10页。

还具有发展速度慢和发展不均衡的特点。Di Francesca 对 17000 名 6~21 岁的听障学生进行研究，结果表明，听障学生每年增加的平均分数仅为 0.2 个年级。Trybus 与 Karchmer 研究发现，在阅读理解方面，9 岁听障学生可以达到小学二年级的程度，20 岁的听障学生可以达到小学五年级的程度。由此得知，9~20 岁，其阅读理解能力仅提高了 3 个年级水平。[1] Wrightstone、Aronow 和 Moskowitz 在一项对美国和加拿大 5000 多名听障学生的大规模基本阅读水平的调查中发现，只有不到 10% 的 10 岁以上学生能够达到四年级的阅读水平。Pugh 对听障学生进行的"洛瓦默读测验"（Lowa Silent Reading Test）发现，听障学生的阅读成绩在七年级到十三年级之间几乎没有提高。Furth 指出，在 11~16 岁，听障学生的阅读能力只能从 2.6 年级提高到 3.4 年级。Gentile 对 16908 名听障学生的阅读测验得分说明，20 岁以后仍待在学校里接受教育的听障学生，学业上的发展几乎为零，这说明听障学生在青春期阶段阅读成绩处于明显的停滞状态。[2]

在对听障学生语法掌握的研究中，摩尔斯使用完形填空的方式进行了实验，结果发现，听障组的阅读成绩比健听儿童组低一个年级。究其原因，可能是听障学生薄弱的英语语法技能和有限的词汇量所致。此外他还发现听障学生更倾向于先学习

---

[1] R. Trybus & M. Karchmer, "School Achievement Scores of Hearing-Impaired Children: National Data on Achievement Status and Growth Patterns," *American Annals of the Deaf* 122（1977）：62-69.

[2] 穆昕：《听觉障碍中学生汉语阅读理解模式研究》，硕士学位论文，辽宁师范大学，2005，第 12 页。

简单的主、谓、宾顺序,然后在理论框架中对句子进行加工。Schmitt 发现,8~11 岁的健听儿童在对被动语态、否定句、动词时态方面的理解优于同龄的听障生。[1] Tervoort 对听障学生理解被动句的能力进行了调查,发现 13 岁以下的听障学生正确得分率为 27.5%,13 岁以上的听障学生正确得分率为 74%。[2] Schmitt 和 Tervoort 认为,听障学生往往在掌握简单主动语态的陈述句的基础上,才能使用被动语态。

关于听障学生的元认知研究,主要涉及元认知意识和元认知监控两个方面。

元认知意识指阅读者对自己的阅读能力、阅读策略、阅读任务、阅读方式、阅读材料等的认识。在 Ewodlt 的一项研究中,他采用访谈法对 20 名听障生进行了关于阅读策略运用的调查。这些学生事先接受过阅读策略方面的培训课程,能够熟练地应用"上下文线索""先前背景知识"等独立性策略。但当被问及遇到不理解的单词会采取怎样的措施时,75% 的学生表示会采用向老师寻求帮助的依赖性策略,而非他们实际运用的独立性策略。Kelly、Albertini 和 Shannon 发现听障大学生的实际阅读理解水平与他们自我感知的理解水平之间存在着明显的差距,即他们总是过高地估计自己的理解水平。[3] Strassman

---

[1] 参见袁茵《听觉障碍中小学生汉语阅读能力研究》,博士学位论文,辽宁师范大学,2004,第 14 页。

[2] 参见袁茵《听觉障碍中小学生汉语阅读能力研究》,博士学位论文,辽宁师范大学,2004,第 15 页。

[3] R. R. Kelly, J. A. Albertini & N. B. Shannon, "Deaf College Students' Reading Comprehension and Strategy Use," *American Annals of the Deaf* 146 (5) (2001): 385–400.

采用问卷法对29名听障学生的阅读理解进行了考察,涉及如何才能成为一名好的读者、阅读遇到困难时会采取什么措施等问题。结果发现,尽管听障学生非常关注老师所传授的具体技能,但不能恰当地运用这些技能去理解文章。① Schirmer使用出声思考法对听觉障碍学生阅读过程中的策略运用进行了研究,结果发现听障学生没有意识到自己对策略的运用。②

元认知监控研究指阅读过程中阅读者采取针对性的策略,及时监控并调整自己的阅读行为,包括制订计划、检查结果、反馈调节、采取补救措施等。Davey通过对比健听学生与听障学生在不同问题条件下回视策略(元认知补救策略)应用的差异,发现健听学生无论阅读能力高低都能报告回视策略,这有助于他们对文章的理解;听障生则不同,即使成绩显示他们在回视条件下的阅读有所改善,但被试报告没有影响。③ 由此得知听障学生的监控能力较差。Schirmer也通过使用出声思考及言语分析法研究了听障学生的阅读策略。实验要求听障学生在阅读规定的材料后,对文章进行回忆复述、构建意义和阅读监控,结果得出了听障学生监控能力差的结论。④

---

① B. K. Strassman, "Deaf Adolescents' Metacognitive Knowledge about School - Related Reading," *American Annals of the Deaf* 137 (1992): 326-330.
② B. R. Schirmer, "Using Verbal Protocols to Identify Reading Strategies of Students Who Are Deaf," *Journal of Deaf Studies and Deaf Education* 8 (2003): 157-170.
③ B. Davey, "Postpassage Questions: Task and Reader Effects on Comprehension and Metacomprehension Processes," *Journal of Reading Behavior* (79) 3 (1987): 261-283.
④ B. R. Schirmer, "Using Verbal Protocols to Identify Reading Strategies of Students Who Are Deaf," *Journal of Deaf Studies and Deaf Education* 8 (2003): 157-170.

总之，听障学生阅读的总体特点是：阅读水平低、发展速度慢，且发展不均衡、语法水平低、元认知意识和元认知监控能力均欠缺。

二　国内学者对听障学生阅读理解的研究

与国外相比，国内学者对听障学生阅读问题关注较多而实质性的研究较少。数量不多的几篇论文又大多集中在对听障学生阅读现状的调查和阅读教学的探讨上。① 国内聋校语文教学中存在漠视学生已有智慧、经验、知识的"随意涂鸦式"和"揠苗助长式"教学方式。这样的教学方式无法激发学生的学习兴趣和动机。正如《聋校语文教学法》所言："当前我国聋校的语文教学是存在一定问题的。就高年级来说，聋学生独立读写的能力低下，聋校语文阅读、作文教学困难重重，并陷入了恶性循环的困境。"上海曾在 1999 年对全市聋校初中毕业语文阅读能力进行了测验，结果发现："听障初中学生独立阅读分析能力不够，离'初步掌握阅读的方法，具有良好的阅读习惯'，'能读懂日常应用文和通俗文章，有初步分析、概括段意和文章主要内容的能力'这一要求，还有较大距离。"② 随后，何文明对听障学生语文学习情况做了调查，结果发现目前聋校语文教学效率不高，大部分学生听课有困难，学习方法有

---

① 穆昕：《听觉障碍中学生汉语阅读理解模式研究》，硕士学位论文，辽宁师范大学，2005，第 13 页。
② 梅次开：《上海市 1999 年聋校初中毕业生语文阅读能力的测试与分析》，《特殊教育研究》2000 年第 3 期。

问题,九年级听障学生在毕业时甚至阅读普通报刊还比较困难,写出的句子语法错误也较多。[①] 而黄红燕2004年的调查得出类似的结论:"大部分聋生课外阅读的习惯较差,除了阅读一些日常报纸和几本他们喜欢的杂志以外,很少阅读其他书籍。"[②] 刘建华也对听障大学生的阅读现状进行了调查分析,得出听障生的阅读数量少、阅读的内容浅、读书的时间少、作文的病句多的结论,并指出听障生形象思维比抽象思维好,他们对文章的具体内容经讲解能大体掌握,但对思想内容、写作特点等抽象问题难以理解。[③] 王敬欣通过视频和文字的方式对听障学生进行了语言理解和生成能力的研究,结果发现,在时间、人物、事件及主题的指标上,聋人成绩略高于听力正常人,但差异未达到显著水平;在事情发展和词汇创造性这两项指标上,听力正常人成绩略高于聋人,但差异未达到显著水平;在地点和语义特征的两项指标上,听力正常人的理解和生成水平显著高于聋人;而词汇量这一项指标上,聋人显著高于正常人。由此得出聋人在书面语的输入、输出条件下语言理解和生成的能力显著落后于听力正常人的结论。[④] 丁萍萍的调查表明,聋生的书面语水平与同龄的健听学生相比,无论是对词语的理解、应用,还是造句、作文,他们的差

---

① 何文明:《聋生语文学习情况调查研究》,《中国特殊教育》2001年第1期。
② 黄红燕:《关于聋生书面语言技能的培训及训练》,《中国特殊教育》2004年第4期。
③ 刘建华:《听障生阅读现状的调查分析与阅读指导的建议》,《北京联合大学学报》2003年第2期。
④ 王敬欣:《聋人和听力正常人语言理解和生成的实验研究》,《中国特殊教育》2000年第1期。

距都比较大。① 张茹指出，当前聋校语文教学存在"费""慢""差"等现象。② 究其原因，黄红燕认为，可能是聋生从小没养成多读书的好习惯，以及这些阅读材料对他们而言难度较大，由于内容看不懂而导致了阅读的障碍。③ 因此有研究指出，听障学生的语文阅读水平比普通学校的学生低 3～4 个年级。我国台湾学者林宝贵、黄玉枝指出中学阶段的聋生阅读能力相当于小学二三年级水平。④

如何提高听障学生的阅读水平一直以来都是聋校教学的重中之重。近期，国内在此领域也涌现出了一些教学性和实用性的研究。昝飞从直接测量和间接测量两个角度对听觉编码在汉字加工中的作用进行了研究。结果发现，在直接测量中，聋生在听觉词汇上表现出的加工困难与正常学生类似，听觉词汇的感觉辨别力成绩两组被试没有表现出显著性差异。但在间接测量中发现，聋生在听觉词汇上表现出的加工困难主要发生在有意识提取上，听觉词汇的有意识提取成绩与正常学生存在显著性差异。在直接测量中，聋生对听觉词汇的感觉辨别力成绩与其他两类词汇存在显著性差异，但在间接测量中，聋生对听觉词汇的有意识提取和无意识提取成绩与视觉词汇并没有表现出显著性差异。这表明听觉编码在某种程度上在聋生汉字加工中

---

① 丁萍萍：《创设语言环境，提高聋生书面表达能力》，《中国特殊教育》2004 年第 11 期。
② 张茹：《关于聋校语文教学的几点思考》，《学术研究》2014 年第 3 期。
③ 黄红燕：《关于聋生书面语言技能的培训及训练》，《中国特殊教育》2004 年第 4 期。
④ 林宝贵、黄玉枝：《听障学生国语文能力及错误类型之分析》，《特殊教育研究学刊》1997 年第 15 期。

被使用，但有效性不如视觉形象编码。造成有效性较差的主要原因可能是聋生有意识地主动运用编码能力较差，特别是有意识地主动运用听觉编码的能力较差。① 冯建新对聋童和听力正常儿童汉字加工过程的差异进行比较研究，结果发现，字音的激活是汉字加工过程中的一个重要的特征，即使聋童也要经历"字音"的激活过程，语音中介可能是理解语义必不可少的一环。字义在汉字的加工过程早期就可能出现，在听力正常儿童中字义与字音是相伴出现的。聋童识别汉字则可能是以字形、字义为主，字音不占优势方式进行。② 贺荟中对篇章理解过程进行了深入的系列研究，得出语言发展前全聋被试在背景信息的激活和提取能力、对无关背景信息的抑制能力等方面均差于低于其4个年级的听力正常学生。③ 袁茵对听觉障碍中小学生汉语阅读能力的相关因素、心理结构、阅读辅助策略等问题进行系统的实证性研究，研究结果表明，听觉障碍中学生在适宜难度材料阅读中问题辅助阅读、图示辅助阅读成绩较好；在较难材料阅读中提纲辅助阅读、标记辅助阅读的效果较好；使用不同的阅读策略时年级因素、难度因素以及性别因素部分表现出主效应显著和交互作用明显。④ 金野、宋永宁通过实验得出

---

① 昝飞：《聋生汉字加工中语音编码作用的实验研究》，博士学位论文，华东师范大学，2002，第71页。

② 冯建新：《聋童与听力正常儿童汉字形音义加工比较研究》，《中国特殊教育》2003年第6期。

③ 贺荟中：《聋生与听力正常学生语篇理解过程的认知比较》，博士学位论文，华东师范大学，2003，第86页。

④ 袁茵：《听觉障碍中小学生汉语阅读能力研究》，博士学位论文，辽宁师范大学，2004，第50页。

聋生与聋生之间读写成绩的差异并不能简单地通过听力损失程度或听力补偿程度的高低来进行预测的结论。在对聋生进行教育的时候，不要带着偏见去看待中重度听力残疾的聋生，而是要训练他们的认知能力、提高他们的读写成绩。[①] 宋永宁、杜晓新、黄昭鸣采用实验法研究了标记对聋生段落、篇章阅读的影响。结果表明，对段落和篇章进行标记能够有效提高聋生对段落和篇章整体信息的理解与保持，他们建议在聋校高年级段落和篇章阅读教学中，要加强组织策略训练，可采用对关键项目标记的方法，强化课文整体信息的识记，以提高聋生的阅读水平。[②] 宋永宁、杜晓新、黄昭鸣、贾彩贞从实践层面对聋校高年级阅读教学中组织策略的应用问题进行了探讨，认为组织策略能够有效发展聋生的语言与思维能力，提高聋生的阅读监控水平，促进聋生对课文整体信息理解，提升聋校高年级语文阅读教学效率。[③] 张茂林等亦对听障学生阅读策略及策略运用等做了实证研究，研究者从阅读策略和学习策略的关系出发，结合我国听障学生的阅读实际编制了《听力障碍学生阅读策略问卷》，进行了信度、效度检验，并对 359 名听障学生的阅读策略特点进行了初步考察。研究发现，听障学生阅读中策略运用的整体水平偏低，大多数学生在阅读过程中不善于使用阅读策略；不同年级听障学生在阅读策略的运用方面存在差异，大

---

① 金野、宋永宁：《聋生听力状况与读写成绩及认知能力关系的实验研究》，《心理科学》2008 年第 3 期。
② 宋永宁、杜晓新、黄昭鸣：《聋生段落、篇章阅读中标记效应的实验研究》，《中国特殊教育》2006 年第 10 期。
③ 宋永宁、杜晓新、黄昭鸣、贾彩贞：《组织策略及其对聋校语文阅读教学的启示》，《中国特殊教育》2007 年第 1 期。

学阶段学生明显优于高中阶段和初中阶段学生，高中阶段是听障学生阅读策略发展的关键时期，此外还发现听障女生阅读策略运用的总体水平优于听障男生。① 陈建军指出，聋校中高年级语文阅读教学虽不断改进，但阅读教学存在重课文分析轻阅读指导、重理性认识轻感性体验、重面面俱到轻重点训练的现象。② 白瑞霞指出聋人大学生汉语学习中普遍存在汉语基础薄弱、对教学媒介语言——手语不能全面理解、缺乏主动阅读和写作积极性的特点。③

  研究者们从聋人阅读的汉字加工、句子加工、篇章理解过程、阅读能力的相关因素、心理结构、阅读辅助策略及阅读策略及策略运用等做了实证研究，但国内尚未出现对听障学生阅读理解监控的系统研究。

---

① 张茂林：《听障学生阅读理解中的策略运用及其眼动特点研究》，博士学位论文，华东师范大学，2010，第 88 页。
② 陈建军：《聋校中高年级语文阅读教学存在问题及改进策略》，《绥化学院学报》2014 年第 2 期。
③ 白瑞霞：《聋人大学生汉语学习困难因素探析》，《绥化学院学报》2014 年第 1 期。

第二章 阅读理解监控研究概述

阅读理解监控是元认知研究领域的特点。它是指阅读者在阅读理解的全过程中,将自身的阅读理解活动作为意识对象,不断进行主动积极的监视、评价、控制和调节。大量关于"学习"的研究发现,阅读理解成绩与阅读理解监控水平之间存在显著关联。从有关研究结果看,听障学生注意文本的局部信息,难以把握文章的整体信息。产生该现象的原因是听障学生阅读理解监控水平较低。因此本章将对阅读理解监控做一系统梳理。

一 阅读理解监控的界定

(一) 阅读与阅读理解

阅读是人类社会的一种重要活动,是随文字的产生而发展起来的一项技能。1908 年出版的 *The Psychology and Pedagogy of Reading* 被公认为对阅读进行系统而有创见性分析的最早专著,书中对阅读研究的历史、方法等进行了详细的分析与回顾。作者 Hucy 强调,阅读的目的就是意义获得,而不仅仅是

第二章 阅读理解监控研究概述

辨别字词与短语。他认为阅读的理论应该包括"对人类思维的许多最为复杂的工作"的描述。但是,要给阅读下一个精确的定义,并不是一件容易的事情。因为存在着各种形式的阅读,不同的阅读活动又有不同的目的及加工策略。因此,在对阅读概念的界定上,研究者之间存在很大的分歧和争议。

道林和莱昂(Downing & Leong)将阅读的定义分为两类:一类强调译码的过程。他们将阅读看成书写的符号翻译成声音的符号,或者是词的书写形式向声音形式的转化。总之,强调的是视觉信号到听觉信号的转变。另一类强调意义的获得。他们认为阅读中的译码不是视觉信号转变为声音,而是转变为意义,是由阅读者运用已经具有的概念去创造新的意义。阅读即对记号(sign)的解释。这种记号有两种:一种为自然现象,如看手相的人阅读手上的线条、经验丰富的老农阅读天象等;另一种则是任意的符号,如地图上的标示、盲文等,它们都是由于实际的需要而被有意创造出来的。我们一般所说的阅读应该是指后者,因此可以将阅读定义为对符号(symbol)的解释。[①]

但阅读的两类定义并不是完全对立、互相排斥的。强调译码并不否认意义获得,同样强调意义获得的也并不否认译码过程的存在。吉布森和利文(Gibson & Levin)根据阅读加工中的不同水平提出了一个较为折中并具有综合性的定义,即"阅读乃是从篇章中提取意义的过程"。为了能够从篇章中提取意义,需要做到:(1)把书写符号译码为声音;(2)具有相应的心理词典,因而可以从语义记忆中获得书写词的意义;

---

① 张必隐:《阅读心理学》(修订版),北京师范大学出版社,2004,第1页。

（3）能够把这些词的意义进行整合。需要注意的是，这里所说的"篇章"这个词，不仅包括印刷的文字，而且也包括图画、图解和图表等其他阅读材料。

我国学者也从不同角度对阅读进行了论述和界定。

被称为构建"中国现代阅读学"的曾祥芹、韩雪屏两位教授认为，"阅读是读者从写的或印刷的书面材料中提取意义或情感信息的过程"。[①] 这一观点强调读者和读物（书面材料）的相互作用，指出阅读是读者感知并理解读物内容、理解读物意义的过程。

著名中学语文教学法专家朱绍禹在《中学语文教育概况》中谈道，阅读文章是透过书面语言领会其意义，从中获取思想和学习语言的活动程序，是人们学习和认识世界的一种基本手段。[②] 这一观点强调了阅读是通过文章的表层结构语言，去挖掘文章的深层结构思想，是学习语言、认识世界的重要通道和方式。

张隆华在其主编的《语文教育学》一书中指出，阅读从认知文字符号开始，经过大脑的分析综合活动，领会课文的意义，体会课文的感情，并凭借着课文练习阅读的技能，发展阅读能力。[③] 这里强调了阅读这一复杂活动主要是由大脑分析综合完成的过程。

顾晓鸣在其《阅读学·拓展阅读的广度与深度》一文中指出：阅读的过程是一种根据作者及其创作环境以及文字语法

[①] 曾祥芹、韩雪屏：《阅读学原理》，大象出版社，1992，第273页。
[②] 朱绍禹：《中学语文教育概况》，内蒙古人民出版社，1983，第10页。
[③] 张隆华：《语文教育学》，重庆出版社，1987，第15页。

修辞特征而进行的"释义"过程。这里所说的"释义"就是"还原"的意思,即借助读物这一中介,读者与作者达到双向沟通的结果。① 这与曹光灿所认为的阅读相吻合,他认为:"阅读是以文本为中介的作者传达,读者接受过程。"

叶圣陶在《略谈学习国文》中指出,阅读是"吸收"的事情,从阅读中领受人家的经验,接触人家的心情。② 张必隐在其专著《阅读心理学》中指出:"阅读是从书面材料中获取信息并影响着读者的非智力因素的过程。"③《中国大百科全书·教育卷》中关于"阅读心理"条目显示,"阅读是一种从书面语言中获得意义的心理过程,也是一种基本的智力技能,它是由一系列的过程和行为构成的总和"。从这些表述中我们虽然无法准确概括出阅读活动的本质特征,但至少在一点上研究者们的观点是共通的——阅读的最终目的在于意义获得,简言之就是理解。

朱智贤主编的《心理学大词典》中对阅读做了如下定义:阅读是读者从书写的文字符号中获得有关事物意义的复杂的智力活动,它必须具备如下几个亚能力:认读能力,阅读过程是一个从形式(文字)到内容,再由内容到形式这样一个循环往复、理解逐步深化的过程,要认读一定数量的文字;理解能力,是阅读能力的核心部分,包括正确理解词语的含义,理解各种语言结构,理解文章中各种语言表达方法的能力和理解文章中各种修辞方法的能力;鉴赏能力,指鉴别和欣赏能力,是

---

① 顾晓鸣:《阅读学·拓展阅读的广度与深度》,《语文学习》1987年第3期。
② 叶圣陶:《叶圣陶语文教育论集》,教育科学出版社,1980,第55页。
③ 张必隐:《阅读心理学》(修订版),北京师范大学出版社,2004,第3页。

在掌握了文章所表达的内容的基础上进一步对文章各方面进行评价和欣赏，鉴赏是理解的进一步深化，使认识达到理智上的领悟和感情上的反映；思维能力，它是构成以上三种能力的重要因素，是贯穿和包含于这些能力中的一般能力，阅读时常常需要借助于各种思维形式进行思维活动；具有一定速度的朗读和默读能力及记忆能力。[1]

"百度百科"上关于阅读的科学定义是：从视觉材料中获取信息的过程。视觉材料主要是文字和图片，也包括符号、公式、图表等。首先是把视觉材料变成声音，然后达到对视觉材料的理解。阅读是一种主动的过程，是由阅读者根据不同的目的加以调节控制的。

所以综合来讲，阅读是一个包含了一系列复杂行为和心理活动的过程，它体现了个体的智力、技能。其目的在于读者和读物之间相互作用，从而构建文本的意义。

(二) 阅读理解的过程模型

从信息加工心理学的观点和方法出发，阅读心理学家也对整个阅读理解的过程进行了许多研究和分析，并提出了不同的理论模型。[2] 总体来讲，这些模型大致可以分为三类：自下而上模型、自上而下模型和相互作用模型。在不同的模型中，研究者的侧重点不同，有些模型强调文本本身的作用，假定阅读材料对读者有重大的影响；有的则强调阅读者的作用，认为阅

---

[1] 朱智贤主编《心理学大词典》，北京师范大学出版社，1989，第189页。
[2] 参见张必隐《阅读心理学》(修订版)，北京师范大学出版社，2004，第28～46页。

读理解同时以文章提供的信息和阅读者原有的知识为基础。下面做一简单介绍。

1. 自下而上模式

自下而上的模式以 Gough 为代表,强调文本所提供信息的作用,认为阅读过程是有组织的、有层次性的。阅读是从低级的小单位字母加工发展到高级的词组、句子以至语义加工,最后达到获得文本全部意义的过程。

这种模式假设对文本信息的加工遵循从字面的部件表征到字面再到词汇最后到意义理解的过程。即阅读始于信息的最小单位(笔画),从字词的解码开始一直到获取意义。从本质上说,阅读就是把印刷的"文字符号"与读者早已掌握和理解的口头语言联系起来。因此,阅读者要掌握文本的全部意义就必须加工句子,而这种加工取决于读者是否分析了那些句子的子句和短语。分析又取决于读者是否辨认出了那些单位中的字词。对大部分语言来说,字词的识别又取决于读者是否辨认出了它们的字母(笔画)组成。显然,这种模式强调的是文本材料本身的作用,它体现出阅读过程中清晰的层次性。但这种模式存在着致命的缺陷,即它过于狭隘的假定:阅读就是纯粹地从文本中提取意义的过程。许多研究表明,在阅读中文本仅仅是信息的一个关键来源,其他的信息来自读者已有的知识。

2. 自上而下模式

该模式以 Goodman 为代表。与自下而上这一较低层次的加工模式不同,自上而下模式是截然相反的过程。该模式并不强调单一的识字、认词的能力,而是注重理解的重要性以及阅读者的先前经验对理解的影响。自上而下模式主张,阅读是一个预测下一步信息并做出肯定或否定判断的过程。阅读者在阅读文章时，会利用已有的知识经验或先前知识背景做一个暂时性的推测，然后到后续的阅读过程中去证实先前的假设正确与否。

从这种模式可知，在阅读过程中，阅读者扮演着主动建立假设、预测和澄清的角色，该过程突出了长期记忆中语言知识和背景知识在文本理解中的作用。在阅读理解过程中，读者利用大脑中的高层次图式对输入的信息进行预测、判定和选择，从而加速信息的吸收与同化。

3. 相互作用模式

此模式依据认知心理学及建构主义的理论发展而来，代表人物为Rumellhart。它吸取了"自上而下"与"自下而上"两种模式的合理之处，不再偏重文章提供的信息或读者已有的信息，而是把两者有机地结合起来，认为成功的阅读既离不开"自上而下"加工，也离不开"自下而上"加工。阅读者从阅读文章开始，首先接受文字视觉刺激，不断从自我的心理词典中提取字或词的意义（自下而上模式），同时也会从自身已有的知识和经验出发，尝试解释文章的意义（自上而下模式）。也就是说在阅读过程中，读者要同时运用"自上而下"与"自下而上"的两种策略。阅读者不仅受文章解码过程的影响，也受先前知识和阅读策略的影响。

综上所述，从上面对三类模式的论述来看，无论是自上而下的模式还是自下而上的模式，都属于系列加工的模式。在这些模式中，信息的传递是单方向的，每个阶段的加工都是独立的，它们的任务只是将加工结果传递给下一个阶段，而彼此之间并不产生影响。显然，这样的观点太过片面性，"自下而上"模式没有认识到读者带进阅读过程中的高层知识的作用；"自上而下"模式则否认了低层次加工水平的重要性。因此，目前人们普遍认为对阅读过程描述得比较全面的是相互作用模式。

（三）阅读理解的图式理论

1. 图式与图式理论

图式（schema）又叫认知框架。英国心理学家 Bartlett 是将这一概念引入心理学应用的第一人。他认为图式是对过去经验的反映或对过去经验的积极组织，是不断发生作用的既存知识结构。当人们遇到新事物时，只有把新事物和头脑中已有的图式相联系，才能产生理解。到了 20 世纪 70 年代后期，Bartlett 的图式理论受到了心理学家和人工智能专家的广泛关注。1980 年，Rumelhart 对图式理论的建立和进一步完善做出了重要贡献。他认为，图式是人们头脑中存在的整体知识以及有关某一领域的专门知识，是以层级形式（hierarchy）储存于长时记忆中的"相互作用的知识结构"或"构成认知能力的模块"（the building block of cognition），即图式是人们过去获得的知识、经验在头脑中的储存方式，而且这种储存不是事实或经验的简单罗列和堆砌，而是围绕不同的事物和情景形成有序的知识系统，它是人们认知事物的基础。

图式理论就是运用这一认知心理学理论，分析认知框架在个体认识活动过程中的作用。其主要观点是，人们在理解新事物时，需要将新事物与已知的概念、过去的经历（背景知识）联系起来，对新事物的理解和解释取决于头脑中已经存在的图式，输入的新信息必须与这些图式吻合。

2. **图式的类型**

Carrel 和 Eisethold 认为，在阅读过程中，读者头脑中的内容图式（content schemata）和形式图式（formal schemata）起着十分重要的作用。这两种图式与文本的语言、内容和结构相互作用决定了读者的阅读能力和对阅读材料的理解程度。

内容图式是指文章内容的背景知识，它直接影响读者对文章主题的理解。一般而言，读者头脑中的内容图式越丰富，在阅读理解时被调用的概率就越大，也就越能保证对文章意义的正确理解；形式图式指的是文章的体裁和篇章结构方面的知识。如果读者拥有足够的关于这方面的知识，在阅读过程中，就能够熟练地激活正确的形式图式，运用结构策略，根据文本的组织结构和段落之间的逻辑关系对阅读的内容进行预测、选择和验证，这将有助于读者对文章的理解。

3. **图式理论对阅读理解的阐释**

按照图式理论的观点，阅读理解就是在文本的各部分之间、在文本与个人经验之间积极构造意义的过程。文本本身并不具有意义，它是创造产生意义的蓝图。它向读者提供了如何从已有知识和经验中，使用一定的策略来构造意义的方向。文本中的字词在读者头脑中激起了与之有关的概念、它们之间过去的相互联系以及它们潜在的相互联系。而文本中的组织结构则帮助读者在这些概念复合体中进行选择。Rumelhart 认为，阅读信息的聚合依赖于视觉处理与认知处理两部分，其中认知处理是关键。视觉处理需要视觉信息，即文字；认知处理需要非视觉信息，即阅读者头脑中分等级安排好的知识结构（图式）。当人们阅读的时候，人脑就像一个信息处理中心，视觉处理系统不断搜集输入的文字信息，并通过四个辅助储存库（表音法知识、构词法知识、句法知识和语义学知识）不断筛选、认同，从低级到高级依次处理。与此同时，反方向的认知处理过程也在发生，读者头脑中的背景知识和已有的语言知识会根据获得的阅读信息提出暂时性的假设，然后通过一系列的深入分析对这些假设加以肯定或否定。因此，阅读过程中每一阶段的知识分析不仅来自更高一级的知识分析，也依赖于低一级的知识分析，一旦两者吻合，就产生正确的阅读理解。否则，假设要做出修改，最终使两种信息处理逐渐趋于吻合。如果阅读者能有较为丰富的背景知识和语言知识，就可以把注意力集中于提出假设的高级阶段上。因此，阅读者头脑中的"图式"是基石，一切信息处理都建立在这个基石之上。

总之，图式理论将阅读过程视为阅读者在不同层面上的"自下而上"和"自上而下"的两种信息处理方式相互作用的过程；强调阅读者已有的认知结构对当前阅读活动所起的决定作用；强调阅读过程中读者的主动性以及读者对文章理解的创造性。这些观点充分揭示了阅读理解过程的实质，也对我们的阅读研究及阅读教学实践有着重要的启示：阅读不是简单的文字信息输入，而是对文章信息进行加工、筛选、编码，使之与读者头脑中已经储存的信息知识相互联系和重新组织，不断地构建新的认知结构。

（四）阅读理解监控研究的缘起

20世纪70年代，美国心理学家Flavell所做的一系列关于儿童元记忆发展的实验引发了人们对阅读理解监控的研究。[①]这些研究最终促使他于 1976 年在其著作《认知发展》中首次提出了元认知（Metacognition）的概念。由此拉开了人们对元认知及阅读理解监控研究的序幕。

根据 Flavell 的观点，元认知是个体在对自身认知过程意识的基础上，对其认知过程进行自我反省、自我控制和自我调节。Brown 和 Baker 也认为，元认知是"个体对认知领域的知识和控制"。[②]对元认知的界定，虽然在众多研究者之间存在着争议，但他们都普遍认为，元认知就是对认知的认知，元认知结构主要包含三个方面：元认知知识、元认知体验和元认知监控。

1. 元认知知识

元认知知识是指个人对影响自己或他人认知过程有关因素的认识。由于个人因素、任务和目标因素及策略因素是影响认知活动的主要因素，所以元认知知识就是对这三种因素的认识。

（1）对个人因素的认识。即对自身及他人认知能力与特点的认识。包括：①对个体内差异的认识。例如，某人认识到，对自己来说，从听觉通道获得的信息比从视觉通道获得的信息更易保存。②对个体间差异的认识。如某人认识到，自己

[①] J. H. Flavell, "Metacognition and Cognition Monitoring: A New Area of Cognitive Developmental Inquiry," *American Psychology* 34 (1979): 906 – 911.

[②] L. Baker & A. L. Brown, "Metacognitive Skills and Reading," In P. D. Pearson (Ed.), *Handbook of Reading Research* (New York: Longman, 1984), pp. 353 – 394.

的空间想象能力较周围的人强。③对存在不同认知水平的认识。如人在发展中可能逐步认识到，自身的认识能力在不同的发展阶段可能达到不同的水平，也可能认识到，即使处于同一发展阶段，个体间的认识能力也存在着差异。弗拉维尔认为，无论是儿童还是成人，能清楚地认识到这一点将有助于他们更好地认识自我和客观世界。

（2）对任务和目标因素的认识。即对在完成认知任务和目标中所涉及的各种有关因素的认识。主要包括：①对认知材料的认识。即认识到哪些信息对完成任务有用，哪些无用；哪些信息的获得是轻而易举的，哪些信息是必须经过思考与推理后才能获得的；哪些信息是自己感兴趣的，哪些信息是枯燥无味的，但又必须通过意志努力去掌握的。②对任务性质的认识。如认识到读懂一篇文章与按此文章格式写出一篇文章，两者的难度是不同的；做选择题要比做填空题容易；等等。

（3）对策略因素的认识。即对在完成认知过程中各种有关策略知识的认识。比如，对以下问题的认识。要达到认知目标，有哪些可以利用的认知策略；根据认知任务及目标的性质与特征，哪些是首选策略，哪些是备选策略；怎样应用这些策略，为什么及在什么时候应用这些策略。例如，某人已经知道在观察时可采用顺序观察法、特征观察法、视觉分割观察法及比较观察法等。同时，他也知道，在对某事物进行观察时，如无时间限制，可利用顺序观察法进行观察；如有时间限制，可用特征观察法；如要求观察两事物之间的异同时，则可联合应用视觉分割法与比较法进行观察。

2. 元认知体验

（1）元认知体验的概念。

元认知体验是伴随认知活动的一种情绪体验，它可能发生在认知活动的任何时刻。这种情绪体验在过程上可长可短，在程度上可强可弱。如在教学中，某学生意识到自己已理解并记住了大部分的教学内容，从而产生轻松、愉悦的心情；而另一位学生因意识到自己理解这段文字相当困难，从而产生悲观、焦躁的情绪。弗拉维尔认为，元认知体验最可能发生在思维活动水平较高的情况下。在解一道较难的数学题时，每向前推行一步，都伴随着理解的喜悦、百思不解的困惑，兴奋与焦虑交织在一起，贯穿着认知过程的始终。

（2）元认知知识与元认知体验的相互联系。

弗拉维尔认为，元认知知识与元认知体验既相互区别又相互联系，两者具有部分重叠。①某些元认知体验具有元认知知识的成分。例如，当你被某一难题困扰时，突然想到了与此相似的另一个已用某种方式解决了的问题。在这一过程中，你感到困惑是元认知体验，而同时又想到以往成功的经验，这又涉及元认知知识。所以，弗拉维尔又说，最好将某些元认知体验描述为已进入意识中的元认知知识。②某些元认知知识可以形成元认知体验。例如，当你遇到一个其他人感到困惑的问题时，由于你已有成功运用元认知知识解决类似问题的经验，所以你对这一问题非但不感到困惑，反而产生一种自信、激动的情绪体验。这就是弗拉维尔所说的，元认知知识又激发了元认知体验。

（3）元认知知识与元认知体验的相互作用。

在认知过程中，元认知知识与元认知体验是相互作用的。

下面对元认知体验如何作用于元认知知识进行分析。①元认知体验可对任务目标的确立产生影响。例如，困惑或失败的体验可使你放弃或修正原定的子目标或总目标。②对自己原有的元认知知识进行补充、修改或删除，从而完善自己原有的元认知知识。③元认知体验能刺激认知或元认知策略的产生。例如，你担心自己目前对有关教学内容的理解程度是否能通过明天的考试时，你因而采用自我提问的方式来检查自己的理解水平。在这一过程中，"担心"是元认知体验，而由此激起的"自我检查"就是元认知策略了。认知策略与元认知策略的区别在于：认知策略促进认知过程，元认知策略对认知过程进行监控。弗拉维尔认为元认知知识中既包含了认知策略，也包含了元认知策略。在认知活动中，这两种策略在功能上既有侧重亦相互作用，因为在某些情况下，即使你的目的是要增加知识而不是对该知识的质量进行监控，或是要监控知识的质量而不是要增加知识，但这一策略的实施结果，同样会导致知识的增加和对其质量的监控。

元认知知识也同样作用于元认知体验，在认知过程中两者是相互作用的。例如，当你在解决一道难题时，你现有的元认知知识与元认知体验使你选择一种策略，即向有经验的老师或者同学请教，他们对该问题的解答又会激起你对原先努力是否有效的元认知体验，这些元认知体验又促使你产生新的元认知知识。二者相互补充，相互作用，逐渐完善，最终达到解决难题的目的。[1]

---

[1] 参见杜晓新、冯震《元认知与学习策略》，人民教育出版社，1999，第10~15页。

3. 元认知监控

元认知监控制是指个体在进行认知活动的全过程中,将自己正在进行的认知活动作为意识对象,不断对其进行积极、自觉的监视、控制和调节。按认知活动的进展过程,相应的元认知监控策略可分为以下四种。

(1) 制订计划。即在认知活动开始之前,根据认知任务的性质、特点确定完成任务的实际步骤;考虑可选择的策略;预计可能的结果;等等。

(2) 对自己认知活动的过程实行监控。即及时对自己认知活动中的有关信息进行反馈、评价与调整。如当意识到自己的认知过程正接近认知目标时,则可决定按原定计划继续采用既定策略向最终认知目标逼近。如意识到自己的认知过程正在背离认知目标时,则应该及时修正或改变原有认知策略。

(3) 检查认知结果。即根据认知目标评价自己的认知结果,做出是完全达到、部分达到还是根本没有达到的判断。

(4) 采取补救措施。即根据检查的结果,对存在的问题,采取可行的补救措施。

以上对元认知的定义及内涵做了叙述,从中可见:①元认知的核心是对自身认知过程的监控,它是指个体在进行认知活动的全过程中,将自己正在进行的意识活动作为意识对象不断对其进行积极、自觉的监视、控制和调节[1];②元认知策略就

---

[1] 尹丽娜:《初中生英语阅读理解元认知问卷的编制》,硕士学位论文,东北师范大学,2006,第4页。

是个体对自身认知过程进行自我监控、自我反馈、自我调节的方法与技能,元认知策略适用于所有认知任务,即它具有领域一般性的特点。

随着元认知的兴起和发展,阅读理解监控作为现代认知心理学和阅读心理学相结合的产物应运而生。阅读是从书面材料中获取意义的过程。在这一过程中,从字词识别、句子理解到课文意义的建构,均包含着一系列复杂的认知活动。个体若要有效地完成这一系列的认知活动,就必须把自己的阅读过程作为意识对象,积极地加以监控,并在必要的时候采取适当的补救措施去解决阅读过程中出现的问题。因此,阅读理解监控在阅读当中具有十分重要的作用。在有效的阅读活动中,读者对于他的认知活动必须有一定的控制。阅读过程中的元认知技能包括:①明确阅读的目的,了解明显的和暗含的阅读的任务要求;②识别出篇章中的重要信息;③集中注意于篇章中的主要内容;④监控阅读的活动,并且决定理解是否发生;⑤运用自我提问的方法检查阅读的目的是否达到;⑥当意识到理解失败后,采取补救行动。

(五) 国内外关于阅读理解监控的研究

1. 国外阅读理解监控研究综述

自 1886 年卡特尔(Cattell)的阅读实验开创了阅读心理学的研究以来,至今已有 100 多年的历史了,而关于阅读理解监控的研究在国外则是近二三十年的事。通过对当前美国流行的阅读心理学的书籍进行分析,可以发现其主要内容有:

(1) 阅读研究的历史;

（2）阅读实验的设计与分析；

（3）阅读过程的模式；

（4）词的认知；

（5）句子的阅读；

（6）对于阅读理解过程的图式理论的观点；

（7）课文结构；

（8）阅读中的认知监控技能；

（9）阅读的社会语言学的研究方向；

（10）对于阅读的社会的和动机的影响；

（11）阅读中的个别差异；

（12）阅读失能。[①]

其中，第 8 点就是关于阅读中的认知监控技能的研究。对于国外有关阅读理解监控方面的研究，现从研究领域方面做一回顾。

（1）阅读目标的明确。

是否能够在阅读时遵循事先确立的目标，将直接影响着阅读效果。研究者发现，低年龄或阅读能力较差的学生往往注重阅读的译码（字或词的辨认）方面，而不考虑将字词组成有意义的句子和段落。他们以字词解码为阅读目的，而不是去理解蕴含在文中的意思。[②] 史密斯的研究发现，好的阅读者能

---

① 参见余建华《初中生阅读理解监控能力的研究》，硕士学位论文，华东师范大学，2002，第 9 页。

② R. Garner, N. Taylor, "Monitoring of Understanding: An Investigation of Attentional Assistance Needs at Different Grade and Reading Proficiency Levels," *Reading Psychology* 3 (1982): 1-6.

根据自己的阅读目的（是详细的还是简单的阅读）随时调整阅读行为，而差的阅读者则在这两种情况下运用同样的阅读方法。[①]

（2）对阅读材料完整性和一致性的觉察及修正。

这是指在阅读时，对阅读材料中是否存在不清楚的地方、文章所提供的信息之间是否存在着前后矛盾等的觉察与修正。Carner等人的研究表明，在对矛盾信息的觉察上，年级高的学生可以成功地使用"回头看"的阅读策略，而低年级的学生则没有使用这一策略。而且即使经过提示和指导之后，年龄大或阅读水平高的被试会采取放慢速度或重新阅读等措施，但是年龄小或者阅读水平低的被试依然没有表现出监控行为。[②]

（3）阅读速度的调整。

阅读理解监控水平的高低还体现在阅读时是否能根据阅读目的的不同而自动调整阅读速度。Forrest和Waller通过研究发现，年龄大或阅读水平高的学生能根据阅读目的的不同而灵活地采取不同的阅读方法和阅读速度，如精读方式或者泛读方式。[③] 而年龄小或阅读水平低的学生在阅读时则不会依据阅读目的而调整阅读速度，他们往往采用一成不变的速度来进行阅读。

---

① H. K. Smith, "The Response of Good and Poor Readers When Asked to Read for Different Purposes," *Reading Research Quarterly* 3（1967）：53 – 84.
② 赵璇：《汉语学习者中文阅读理解监控能力研究》，硕士学位论文，华东师范大学，2006，第11页。
③ D. L. Forrest, T. G. Waller, "Cognitive and Metacognitive Aspects of Reading," *Paper Presented at the Meeting of the Society for Research in Child Development*, San Francosco, 1979.

（4）如何面对理解失败。

阅读理解监控水平的高低除了体现在对理解失败的及时意识上，还体现在采取补救措施的能力上。Garner 等人的研究表明，阅读能力不同的学生在理解补救方面存在着差异：阅读能力强的学生使用"复看"策略的比例远远高于阅读能力差的学生。① Whimbey 在对比"专家与新手"模式的研究中也曾指出，熟练阅读者（专家模式）发现自己理解失败后，会主动采取以下措施来调控自己的理解：放慢阅读速度；到后面的材料中寻求有助于澄清问题的信息；如果对这种澄清仍不满意，则会返回到产生理解失败的地方，重新并反复阅读难以理解的部分。② Danner 等人的研究发现，所有被试都对逻辑结构出现混乱的文章表示难以理解，但只有年龄大或阅读水平高的被试能指出逻辑结构的混乱所在，并在阅读时花费更多的时间来理顺它，年龄小的或阅读水平低的被试则不能很好地利用文章的逻辑结构。③

（5）对理解的评价。

能否准确评价理解效果也体现了阅读监控的水平。Forerst 和 Waller 用信心评定的技术考察了儿童的该项指标，结果表明，年龄小或阅读水平低的被试往往对自己是否理解

---

① R. Garner, "Monitoring of Passage Inconsistency Among Poor Comprehenders: A Preliminary Test of 'Piecemeal Processing' Exploration," *Journal of Educational Research* 74 (1981): 159 – 162.

② A. Whimbey, *Intelligence Can Be Taught* (New York: Dutton, 1975), p. 57.

③ F. W. Danner, "Children's Understanding of Intersentence Organization in the Recall of Short Descriptive Passages," *Journal of Educational Psychology* 68 (1976): 174 – 183.

以及理解的效果并不清楚，而年龄大或阅读水平高的被试在这方面则显得较好些，他们能够在测验中得到较高的分数，更成功地评价自己的理解活动，并且能够很好地调整阅读策略。① Brown 等人也曾指出，自我提问、自我考查是评价理解水平的较好方法，其中提出或考查的问题是否合适是关键因素。②

（6）对理解监控形成与发展的研究。

对阅读理解监控的形成和发展研究，始于探讨儿童如何看待阅读理解活动本身这一问题。Canney 和 Winogard 曾对二、四、六、八等四个年级段的学生运用谈话技术来研究其阅读理解。结果发现二、四、六年级中的差生往往集中注意于字词辨认（译码）方面，六年级中的好学生和所有八年级的学生已知道阅读的基本目的在于获取意义。③ 可见，年幼儿童的阅读理解尚停留在字词辨认的阶段，因此还无法对阅读理解进行有效的监控。

2. 国内阅读理解监控研究综述

相对于国外阅读理解监控研究的红红火火，国内在此领域的研究相对冷清。而在这为数不多的研究中，又以介绍性的研

---

① D. L. Forrest, T. G. Waller, "Cognitive and Metacognitive Aspects of Reading," Paper presented at the meeting of the Society for Research in Child Development, San Francosco, 1979.

② L. Baker, A. L. Brown, "Metacognitive Skills and Reading," In P. D. Pearson (Ed.), Handbook of Reading Research (New York: Longman, 1984), pp. (353-394).

③ G. Canney, Winogrnd, Schemata for Reading and Reading Comprehension Performance (Urbana: University of Linois, Center for the Study of Reading, 1979).

究为主。在所见的文献中，有对国外阅读理解监控研究的综述[1]、有对国外阅读理解监控特点及策略研究的介绍[2]、有对国外阅读理解监控教学模式的评述[3]，还有对阅读理解监控研究的回顾、展望及进展介绍。[4]

以我国被试为研究对象的实验相对较少，其中具有代表性的是 1989 年曹锋、朱曼殊展开的对我国儿童理解监察能力的初步研究。[5] 在该研究中，他们采用错误检测方式，对小学三年级、五年级和初中一年级的学生进行了测试，结果发现：理解监控能力随年级的增高而逐渐增强，但发展速度不均衡；理解监控能力与理解水平之间关系密切；教育干预对理解监控具有促进作用。

关于阅读理解监控的研究多见于对学困生（或学习障碍学生）的元认知研究中。阅读理解监控成为学困生研究领域的热点。[6] 一般认为，学困生的阅读理解监控能力明显低于

---

[1] 周勇：《国外关于阅读理解监控的研究综述》，《心理发展与教育》1992 年第 3 期。

[2] 韦雪艳、路海东：《国外阅读理解监控策略研究综述》，《长春师范学院学报》2001 年第 9 期；杜月红：《阅读过程中的理解监控特点及策略综述》，《社会心理科学》2003 年第 4 期。

[3] 凌枫芝、于萍、王荣媛：《国外阅读理解监控教学模式述评》，《云南师范大学学报》（哲学社会科学版）2000 年第 1 期。

[4] 于鹏、徐富明、焦毓梅：《阅读理解监控研究的回顾与展望》，《天津师范大学学报》（社会科学版）2004 年第 4 期；卢红、王黎：《阅读理解监控研究进展》，《心理研究》2010 年第 4 期。

[5] 曹锋、朱曼殊：《儿童阅读理解监察能力的初步研究》，《心理科学》1989 年第 6 期。

[6] 杨双、刘翔平、张婧乔、张琇秀：《阅读理解困难儿童的理解监控能力研究》，《心理发展与教育》2006 年第 3 期；刘新颜、关善玲、冯本才、范晓红、郭洁：《语文学困生与学优生阅读理解监控的发展研究》，《心理与行为研究》2006 年第 3 期。

学优生；两类学生对低难度错误信息的理解监控能力均明显高于对高难度错误信息的理解监控；学生的阅读理解监控能力随年级的增长而提高。

此外，随着科技的发展，眼动技术突破了传统的只注重考察理解监控结果的范式，实现了对阅读理解监控过程的实时研究和直接测量，使对阅读理解监控及其发展的直接测量成为可能[①]，这大大增强了实验的外部效度，从而获得了更大的生态效应。

二　阅读理解监控与阅读理解过程

如前所述，阅读的本质既含有对文字的识别，又含有对意义的理解。其中字词识别是阅读的基础，意义理解是阅读的终极目标。阅读理解监控就是阅读过程中的一个非常重要的元认知加工过程。现代认知心理学家Gagne曾在前人基础上将阅读过程分解为四个子过程，分别是解码子过程（decoding）、字面性理解子过程（literal comprehension）、推论性理解子过程（inferential comprehension）和理解监控子过程（comprehension monitoring）。[②] 为了便于理解，特用下图来展示它们之间的关系。

[①] 徐富明、白学军、沈德立、施建农：《对阅读理解监控及其发展的直接测量》，《心理科学》2009年第1期。

[②] E. D. Gagne, *The Cognitive Psychology of School Learning* (Boston: Little Brown Company, 1985).

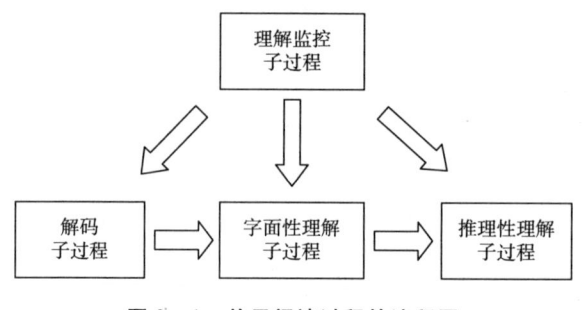

图 2-1　关于阅读过程的流程图

1. 解码子过程

解码是指阅读者将书写的文字符号转换成声音的过程，包括字形、字音的辨识。它又可细分为匹配（matching）和再编码（recoding）两个子过程。在解码子过程中，如果阅读者对文章中的某些字词非常熟悉，能够自动激活储存于长时记忆中该词语的意义，那么当该字词出现时，就可以直接理解它的意义。而对于某些相对生僻的字词，就需要借助字音的转译，读出声音，以便从长时记忆中搜索字义。因此儿童通常借助朗读来帮助自己了解文章的意思，成人面对看不太懂的章节或段落时，也会念出声音来帮助自己寻找记忆。

2. 字面性理解子过程

字面性理解是对词句从其表面进行理解，包含"词义通达"和"语句整合"两个过程。其中，"词义通达"指的是了解文章中个别字词的含义，是解码的最后结果。通过解码和词义通达两个过程，可以获得某个字或某个词的完整记忆。在"语句整合"过程，阅读者必须对句子中的某些字词做有意义的分割，同时把分割好的字或词做语法上的分析，然后再把各种有意义的字、词，根据他们的关系联结起来，取得完整句子的意思。概括地讲"语句整合"过程就是断句（segmentation）、剖句（parsing）和整合（integration）的过程。

3. 推论性理解子过程

推论性理解是指读者通过整合（intergration）、摘要（summarizationn）和精制化（elaboration）三个过程，对文章的内容取得更深入的了解。"整合"是指对文章产生连贯的概念，发现文章隐含的概念及其相互关系。"摘要"是指阅读完一篇文章后，能够在头脑中建立关于段落主要意思的宏观架构，即我们通常所说的概括大意。"精制化"是利用已有知识对材料进行精加工，将新知识编制成一个适合的提取线索，并将此线索与需要回忆的内容联系起来，需要时可根据这一线索将储存在长时记忆中的内容迅速、准确地提取出来，从而达到对文章深入的理解。

4. 理解监控子过程

理解监控是指读者在阅读理解的全过程中，将自身的阅读理解活动作为意识对象，对其进行主动积极的监视、评价和调整，包含设定目标、策略选择、目标核查及做出修正四个方面。它是一种阅读过程中的自我管理行为，要求读者在阅读文章时，先设定目标，根据目标选择合适的策略，完成阅读后，核查自己是否达到了预先设定的目标，如果没有达到，则需要进行及时的补救修正。阅读理解监控体现了读者的元认知加工能力，属于较高层次的阅读认知成分。阅读理解中的四个心理子过程是相互联系的，解码是基础，推理性理解以字面性理解为前提，并将之深化，而理解监控则贯穿于其他三个子过程之中。理解监控是将自己正在进行的阅读理解活动作为意识对象，不断地对理解活动本身进行积极自觉的监视、评估、反馈、控制和调节，以确保阅读者有效地达到自己的阅读目标。

三 阅读理解监控的影响因素

如前所述，理解监控贯穿于阅读理解的全过程，对阅读理解活动中的其他因素起着监视、调节和控制的作用。同时，阅读理解以外的很多因素也会对阅读理解监控的运行造成一定的影响。下面将从认知主体和认知客体两个方面对阅读理解监控做一梳理。

（一）认知主体特征对阅读理解监控的影响

认知特征是指个体在信息加工过程中所表现出来的特征。主体不同的认知特征对阅读理解监控造成的影响也不尽相同。Garner 曾做过局部加工与整体加工之间差异的研究，并得出局部加工方式是造成阅读理解监控失败的因素之一。[1] Walczyk 和 Hall 也验证了不同的认知特征对阅读理解监控造成的影响，该研究用错误检测法证明了反思型儿童比冲动型儿童在理解监控方面更具优势。[2] Whimbey 和 Thomas 也认为那些具有武断个性特征的人不善于监控自己的理解过程。[3] 国内学者董奇也发

---

[1] R. Garner, "Efficient Text Summarization and Benefits," *Journal of Educational Psychology* 75 (1982): 275–279.

[2] J. J Walczyk, V. C. Hall, "Effects of Examples and Embedded Questions on the Accuracy of Comprehension Self‑Assessment," *Journal of Educational Psychology* 81 (3) (1989): 435–437.

[3] Nelson Thomas, *Consciousness, Self‑Consciousness, and Metacognition* (Academic Press, 2000), pp. 220–223.

现个体的思维品质——敏捷性、灵活性、独创性和深刻性——与其自身的元认知监控能力显著相关。① 杨双、刘翔平等人在对被试进行理解监控水平测量的基础上,引入理解性阅读目的因素,综合考察了阅读理解困难儿童的理解监控能力。该研究范式区分了水平和能力,协调了水平、目的和能力之间的关系,从理解监控水平和阅读目的性双重角度来推测理解困难儿童的监控能力。结果发现,阅读理解困难儿童在阅读理解过程中,理解监控水平要低于正常儿童。② 他们对自身的理解状况持高估的倾向,对自己的理解水平显得很乐观。此外,阅读理解困难儿童的阅读目的性要明显低于正常儿童。

(二) 认知客体特征对阅读理解监控的影响

认知客体是指个体信息加工处理的对象。认知客体特征包括阅读材料的文体特征、通达与否、难度、长短以及附加问题等方面。Weaver 等人研究发现不同文体特征导致个体理解评价的重点不同,说明文有助于个体理解评价阅读材料的细节信息,而记叙文则有助于个体理解评价阅读材料的整体信息。同时他们也发现文章难度对个体理解监控亦会产生影响。③ Commander 等人研究发现较长的文章有

---

① 董奇:《元认知与思维品质关系性质的相关实验研究》,《北京师范大学学报》1990 年第 5 期。

② 杨双、刘翔平、林敏、宋雪芳:《阅读理解困难儿童的理解监控特点》,《中国特殊教育》2006 年第 4 期。

③ Weaver Bryant, "Monitoring of Comprehension: The Role of Text Difficulty in Metamemory for Narrative and Expository Text," *Memory Cognition* 23 (1) (1995): 12–22.

助于个体对自己的理解作出准确的评价。究其原因，可能是由于文章越长，提供的线索就越多，个体获取的信息也就越丰富，从而提高了个体的评价准确性。[①] 刘新颜等人通过设置不同错误信息的难度，发现学生对低难度错误信息的理解监控能力明显高于对高难度错误信息的理解监控。[②] 还有研究者发现在阅读材料中添加不同类型的附加问题也会对读者阅读理解监控造成不同影响。[③] 杨双、刘翔平等人使用错误觉察任务，设计无意义词、经验错误和逻辑错误三种破坏文章意义的错误信息，考察了阅读理解困难儿童的理解监控特点。结果发现阅读困难儿童对不同层次的课文信息理解监控顺序，依次是字词、命题和整体意义。[④]

影响阅读理解监控的因素还有很多，概括起来主要包括主观因素和客观因素两大类。主观因素包括阅读者的认知特征、知识基础等；客观因素包括阅读材料的结构、类型、文体、难度以及附加问题等因素。

[①] Stanwyck Commander, "Illusion of knowing in adult readers: Effects of reading skill and passage length," *Contemporary Educational Psychology* 22 (1997): 39 – 52.

[②] 刘新颜：《不同类型学生阅读理解监控能力的发展研究》，硕士学位论文，天津师范大学，2006，第 34 页。

[③] King, "Effects of Training in Strategic Questioning on Children Problem – Solving Performance," *Journal of Educational Psychology* 83 (1991): 307 – 317. Schraw, "Promoting General Metacognitive Awareness," *Instructional Science* 26 (1998): 113 – 125. 李伟健、李锋盈：《附加问题对不同类型学生阅读理解影响的实验研究》，《心理科学》2005 年第 3 期。

[④] 杨双、刘翔平、张婧乔、张琇秀：《阅读理解困难儿童的理解监控能力研究》，《心理发展与教育》2006 年第 3 期。

第三章 阅读理解监控的研究方法及本研究的总体设计

回顾心理学的研究历程,学界已经积累了一些研究阅读理解监控的方法,这些方法在阅读理解监控研究中,也得到了广泛的应用。阅读理解监控领域的研究,也经历了从传统研究方法向现代研究方法的过渡。现将阅读理解监控的研究方法做一系统梳理。

一 阅读理解监控的传统研究方法

1. 错误检测法

错误检测法亦称课文干扰技术。这是阅读理解监控研究的经典范式,起源于1977年美国心理学家Markman开展的对儿童理解监控问题的研究。它是指通过让被试辨别事先在实验材料中插入的错误信息,以此来检验被试理解监控水平和特点的方法。该方法的优点在于具有良好的针对性,且便于实验操作;缺点在于有时由于被试过于自信,或已对这些障碍进行了自我解释,或由于被试本身语言理解与表达能力差的缘故,而不能真实地反映出他们在这一方面的理解监控水平。

2. 自信心评价法

自信心评价法亦称理解评价法，是指让被试对自己的理解行为的正确性做自信度评价的一种方法。如果被试确定自己的回答是正确的，而事实上也是正确的，或被试意识到自己的回答是错误的，而事实上也是错误的，就认为该被试具有较高的理解评价水平。相反，如果被试确信答案正确而实际上并不正确，或者被试确信他的答案不正确而实际上答案正确，则说明他的理解监控水平较低。在实际操作中往往运用实际理解成绩与相应信心分数按照公式 $|D| = \sqrt{\sum_{i=1}^{n}(Xi-Yi)^2}$ 进行一致性检验。所得 $|D|$ 值便为该被试理解评价分数。$|D|$ 值越小，说明被试的理解水平与自身的估计越趋向一致，则阅读监控水平越高；反之，则越低。[①]

3. 言语报告法

言语报告法亦称自我报告法，指的是让被试以口头言语的形式报告其思维过程的一种方法。如通过了解被试对理解本身的认识、理解评价、监控和调节的方式等，来研究被试理解过程中的理解监控行为。常用的言语报告法分为两类。一类是一般的访谈言语报告法。它是由研究者向被试提出一系列关于阅读理解活动的问题，例如，"当你遇到不认识的生字或者不理解的生词时，你会怎么办？"然后根据被试的口头回答来推测其实际的阅读理解监控水平。另一类是完成任务言语报告法。

[①] 杜晓新：《阅读中认知策略及元认知策略相关及实验研究》，《心理科学》1997 年第 2 期。

它根据言语报告的时间在被试操作时还是操作后又分为出声思考（Thinking Aloud）和事后报告（Retrospective Reports）两种形式。[①] 有学者认为，言语报告在一定程度上能够有效反映被试正常的阅读过程，但是存在着无法反映出被试在阅读过程中无意识加工的缺点。[②]

4. 散句组织法

散句组织法是指由若干句子组成一个完整的故事情节。研究者故意将这些句子打乱，并以随机的顺序呈现给被试，让他们自行对这些句子进行重组，并要说出理由。被试重组句子的方式及其理由就是他们阅读理解监控水平的具体表现。实验中，研究者有时还可以用段落来代替句子，以此来探查被试在整个篇章理解上的监控水平。[③]

二 阅读理解监控的眼动研究方法

眼动分析法是相对于延时处理法而提出的一种实时处理法（On-Line Processing Measure）。它指的是通过对阅读活动过程中阅读者实际的行为表现进行观察和记录来分析和研究阅读理解过程的心理活动和规律的一种方法。

[①] 余建华：《初中生阅读理解监控能力的研究》，硕士学位论文，华东师范大学，2002，第9页。

[②] K. A. Ericsson, H. A. Simon, *Protocol Analysis: Verbal Reports as Data*. Cambridge, MA: MIT Press. 2nd ed (1993). T. Trabasso & J. P. Magliano, "Conscious Understanding during Comprehension," *Discourse Process* (1996).

[③] 余建华：《初中生阅读理解监控能力的研究》，硕士学位论文，华东师范大学，2002，第10页。

国外对阅读的眼动研究已有100多年的历史了，可以将其分为三个阶段。①

第一阶段（19世纪末至20世纪20年代前期）被称为阅读的眼动研究基础阶段，该时期发现了许多阅读中眼动的基本事实。在这一时期出版了三本著名的阅读心理学著作。1897年，Quantz出版了《阅读心理学中的问题》，该书系统研究了阅读过程，并涉及默读时嘴唇的动作、眼音距（eye voice span）、阅读速度等问题。1906年，Dearborn出版了《阅读心理学：关于阅读节奏和眼动的实验研究》，该书较为详细地探讨了阅读的眼动问题，内容包括阅读中注视次数、注视时间、重新注视、注视位置及注视疲劳等问题。1908年，Huey出版了被称为该时期对阅读过程进行了最有创见性分析的《阅读的心理学和教育学》，该书的最大特点在于它逐步地把科学和实践结合在一起。Huey对眼动速度、注视停留时间和每行注视次数进行了详细的研究。此外，该时期内，Javal还首次发现了阅读中的眼跳；德国人Erdman和美国人Dodge用通过镜子直接观察的方法研究阅读过程中的眼动，并于1898年发表了这一发现；Lamansky测量了一般眼动速度；Dodge后来用照相法测到了更慢的阅读速度；Dearborn的贡献在于注视停留和注视位置的研究，以及疲劳对阅读的影响。

第二阶段（20世纪20年代后期至20世纪50年代）被称为阅读的眼动研究应用阶段。心理学的研究逐步从基础研究转

---

① 沈德立：《学生汉语阅读过程的眼动研究》，教育科学出版社，2001，第143~188页。

第三章 阅读理解监控的研究方法及本研究的总体设计

移到了阅读教学和阅读测验方面，特别是在 20 世纪 20 年代以后，随着行为主义的兴起与壮大，阅读的眼动开始从基础研究转向应用研究。这一阶段的研究主要包括两个方面。

（1）阅读过程中的眼动分析。

①对注视的研究。Arnold 和 Tinker 对注视停留进行了系统的研究。他们发现在不同的阅读情况下，平均注视停留时间为 0.217~0.404 秒，注视停留随所阅读材料的不同而变化，在阅读中出现较长时间的注视可能是出于对阅读材料进行理解和同化的需要。

②对注视广度的研究。注视广度是指一次注视所能够了解的注视内容的多少。在阅读过程中，注视广度越大，注视次数越少，阅读速度越快。Buswell 指出注视广度大是阅读能力成熟的重要标志，注视广度小则是阅读能力不成熟的表现。

③对眼跳的研究。大多数阅读情况下，眼跳要占阅读时间的 6%~8%，注视占阅读时间的 92%~94%，且眼跳速度存在很大的个体差异。

④有节奏的眼动研究。Buswell 指出熟练的读者在阅读时，眼动是有节奏的。熟练读者的阅读习惯比较灵活，且在某些方面会出现回视。Taylor 提出了发展"节律性的从左到右的眼动"技能。但 Tinker 则反对该做法，他指出"有节奏的阅读"不仅是无意义的，而且是有害的，这样会导致读者过于重视外周的眼动而忽视了中枢的因素。Dixom 通过对优秀读者的研究得出"有节奏的阅读不是所有优秀读者的共性"的结论。

⑤边缘视觉研究。边缘视觉所知觉到的线索不仅可以预知后来的词和短语，还可以知道下一次眼睛注视停留的位置。La

Grone 对此做了研究。

⑥对阅读材料的横排版和竖排版研究。研究者认为长期以来形成的阅读习惯使水平阅读具有优势，如果通过长期的训练，也有可能使垂直阅读等同于或优于水平阅读。

（2）在教育和其他领域的眼动研究。

①对学生阅读不同科目时的眼动研究。Seibert 指出，学生阅读不同科目时，眼动模式有所不同。缺乏阅读灵活性的被试在阅读所有科目时使用了相同的眼动模式。Stone 也通过实验证实了阅读不同科目眼动模式的差异性。

②眼动模式的个体差异研究。Taylor 和 Anderson 指出优生和差生在阅读过程中眼动存在明显差异。

③对异常被试的眼动研究。一些研究探讨了语言流畅性患者的眼动模式，但是并没有得到较为统一的研究结论。LaGrone 发现听障儿童的眼动模式与健听儿童在阅读发展水平上有所不同，尤其是回视行为，听障儿童显著少于健听儿童。

④对不同阅读方式的研究。从心理学角度讲，朗读和默读的过程是不同的。Anderson 和 Swanson 以大学生为被试，考察了他们在默读和朗读时的眼动差异，结果发现，对于阅读能力差的被试而言，两种阅读方式下的眼动模式较为一致。Buswell 指出眼音距广度是考查朗读能力是否成熟的重要指标。

第三阶段（20 世纪 60 年代至今）。20 世纪五六十年代，随着认知心理学的兴起与迅速发展，人们重新将眼动引入心理学的阅读研究中。究其原因，可涉及如下几个方面：①为认知理论提供有用的数据。阅读过程中的实时测量，提供了连续的眼动数据，这些数据可使我们对阅读过程进行精细的分析。

第三章 阅读理解监控的研究方法及本研究的总体设计

②将阅读过程中获得的眼动数据与认知过程对应起来，有利于深入分析阅读过程，有助于心理语言学的发展。③眼动记录仪与计算机的联机使用，使得眼动数据的记录、分析更加精确，尤其是后期，研究人员可对眼动数据加工处理，使得实验更加方便。

归纳起来，早期的眼动实验方法有以下四种。①

（1）观察法。用肉眼直接观察被试的眼动情况，这是一种比较原始的眼动实验法。1897 年 Javal 站在被试后面，曾用一面镜子直接观察被试眼球在镜子中的运动情况；1928 年 Miles 使用窥视孔法在被试阅读材料的中间打一个直径为 0.25 英寸的小孔，主试透过小孔观察被试阅读该文章时的眼动情况。

（2）机械记录法。通过眼睛与记录装置相连接的机械传动来实现，包括气动方法、头部支点杠杆法、角膜吸附环状物法。这种记录方法是利用角膜为凸状的特点，通过一个杠杆传递角膜运动情况。杠杆的支点固定在被试头部，杠杆光滑一端在轻微的压力下轻触已被麻醉过的眼球表面，杠杆的另一端在运动着的纸带上记录眼动的轨迹。眼动的机械记录法实施过程极为复杂，而实验结果的准确性却极低，所以这种方法已经被淘汰。

（3）光学记录法。包括反光记录法、普通照相法与电影电视摄像法、角膜反光法、光电记录法。用反光记录眼动时，首先要将一个小镜子附着在被试的眼睛上，光线射向镜子，光源的光圈有一个狭缝或一个小孔，被反射的光又射向感光带

---

① 参见阎国利《阅读发展心理学》，安徽教育出版社，2004，第39~45页。

上，并随着眼球的运动而变化，在感光纸上记录下来。实验过程中，被试头部用支架固定，眼睛被麻醉，用胶带将眼皮分开。同时该方法对被试的要求较为严格，要求被试的眼睛要大，眼睑要长，眼结膜对麻药不过敏。普通照相法与电影电视摄像法是使用照相机或摄像机将眼动情况拍摄下来，以便分析。在使用这一方法时，关键是要找到一个静止的参照点，将参照点和眼睛某一特定位置连续运动的情况一起拍摄下来。角膜反光法是指让平行光照射在人的眼球上，再让角膜反射出来的光进入摄像机，摄像机的感光胶片匀速移动，这样就把角膜反射出来的光点移动轨迹拍摄下来，这个轨迹就是眼动轨迹。角膜反光法是一种重要的眼动记录方法，该方法的优点是被试的眼睛不用戴任何装置，使得实验趋于自然状态。国际上很多生产眼动仪的公司都有利用角膜反光制成的产品。早期的光电记录法是将一个光源及一个光电管固定在被试的头上，并将一个胶质环状物吸附在被试的眼睛上。胶质环状物上有一个遮蔽物，它可以阻断一部分反射光线使之不能落在光电管上。遮蔽物可以在水平眼动发生时调节眼睛反射光线的多少，记录被放大的光电电流，通过电流变化来判断眼动情况。

（4）电流记录法。眼球运动可以产生生物电现象。角膜和视网膜的新陈代谢不同，所以角膜和视网膜之间就会形成电势差。当眼睛注视前方未发生眼动时，可以记录到稳定的基准电势。当眼睛在水平方向上运动时，眼睛左侧和右侧的皮肤之间的电势差会发生变化；当眼睛在垂直方向上运动时，眼睛上侧和下侧的电势差也会发生变化。当眼动发生

第三章 阅读理解监控的研究方法及本研究的总体设计

时,相应电极之间的电势会发生变化,连接的记录仪就会在记录纸上记下这种变化。由于眼睛的运动与电势变化之间存在着对应关系,所以通过分析记录结果,可以了解到眼动的情况。

还有一种电流记录方法被称为电磁感应法。具体方法是将被试的眼睛麻醉,把一个装有探查线圈的接触镜片吸附在眼睛上。线圈中存在感应电压,通过对感应电压的相敏检测,可以精确地测量水平和垂直方向的眼动。

但上述眼动实验法由于误差较大,不可避免地会影响实验结果的准确性。但随着科学技术的进步,现代精密眼动仪的问世为阅读研究提供了一种相对自然的实时测量手段,特别是在揭示阅读中的即时加工问题上更显优势。[1]

在阅读研究中使用眼动分析法,主要是将阅读材料以视觉形式呈现给被试,在被试阅读的过程中,使用眼动仪记录他们阅读过程中的眼动轨迹。通过眼动分析法可以获得被试阅读时的许多重要数据,如注视位置、注视时间、注视次数、回视、眼跳等。通过对眼动数据的分析,可获得被试阅读过程的眼动特征,从而为研究者考察被试的理解监控过程提供依据。实时眼动处理法的优点在于测量及时、客观,缺点则在于所确定的观察对象必须是外显的,对于内在的则不

---

[1] 徐富明、白学军、沈德立、施建农:《对阅读理解监控及其发展的直接测量》,《心理科学》2009 年第 1 期。H. H. Schlling, K. Rayner, J. I. Chumbley, "Comparing Naming Lexical Decision, and Eye Fixation Times: Word Frequency Effects and Individual Differences," *Journal of Verbal Learning and Verbal Behavior* 26 (1998): 1270 – 1281.

宜测量。

在阅读研究中，通常所涉及的眼动指标有如下七项。[①]

（1）注视次数。在阅读过程中，眼球的运动不是连续的，而是跳跃的。在两次跳跃之间有一个相对静止的状态，被称为注视。注视的位置被称为注视点。当对注视的内容加工结束时，出现眼跳，开始下一次的注视。注视次数反映了被试阅读的熟练程度、阅读策略的使用程度以及阅读材料的难易程度。

（2）注视时间。指对一个注视点的平均注视停留时间。注视时间的长短反映了被试对阅读材料的加工程度。对一个被试而言，时间越长，意味着加工越深；对不同被试而言，时间越长意味着加工速度越慢。所以，注视时间有不同意义，要与多个指标一起分析。注视时间又可分为初次注视时间、凝视时间和总注视时间。初次注视时间（first fixation duration）是指对一个词的初次注视时间，反映了被试词汇接通的时间，而接下来的注视则反映了对该词的更高级的加工。凝视时间（gaze duration）是指在眼跳到另一个词之前对该词的注视时间。如果对某个词只注视了一次，则初次注视时间和凝视时间是相同的。总注视时间（total fixation duration）包括对该词的若干次凝视时间和由于回视引起的对该词的注视时间。

（3）眼跳距离。指从一个注视点到另一个注视点的距离。

（4）回视次数。在正常的阅读情况下，眼球从左向右运动，有时也会出现从右向左的运动，即出现回视。回视时，眼

---

① 孙彬彬：《聋生语篇阅读过程中的连接推理研究》，硕士学位论文，华东师范大学，2009，第19页。

睛又退回到已注视过的内容上。回视次数的多少即回视次数。回视的原因，可能是发现前面的内容加工不准确，与后面的内容有冲突，需要重新加工，从而达到前后一致；或是后面的内容有歧义，回视前面的内容以确定后面内容的意义。Frazier 和 Rayner 提出三种回视形式：第一，前进式回视，即回到句子的开始再重新读一遍；第二，后退式回视，即对刚才已经读过的内容从右到左逐字阅读；第三，选择式回视，通过眼跳回到被错误理解的句子成分上。回视有助于对文章的深层加工，一般认为，回视发生的原因为：①阅读课文时出现困难、理解出现错误、阅读时遗漏了重要的信息；②当句子中有"前面照应"这种句法现象时，也容易回到前面找寻对应的词或者词组；③在阅读歧义句时容易出现回视。

（5）回扫。读者从一行的行尾到下一行的行首虽然也是一种从右到左的眼动，但它又有别于回视，为了把它与回视分开，故称此活动为回扫。

（6）瞳孔直径。瞳孔直径的变化可以反映被试的情绪和心理加工负荷的情况。

（7）兴趣区。兴趣区是指研究者所关注的被试对刺激的注视区域。兴趣区的大小由主试根据研究目的来确定。

综上所述，与其他方法相比，错误觉察任务和自信心评价法属于阅读监控研究的经典范式，而眼动分析法则为阅读研究提供了一种相对自然的实时测量手段，特别是在揭示阅读中的即时加工问题上更显优势。但是眼动分析法也存在一些问题：如何解释用眼动仪收集到的数据，使其能真实客观地反映阅读理解的过程，就是一个非常重要但存在一定争议的问题。因此在实验研究中，为了验证同一理论假设，最好使用多种方法。尽管这会增加研究的成本，但可以弥补方法上的不足，大大提高实验的可靠性。

三 本研究的总体设计

听障学生的阅读理解能力与阅读监控之间的关系究竟如何呢？本研究将借助先进的眼动技术对听障大学生阅读理解监控做系列研究。

（一）问题的提出

当前听障学生阅读现状不容乐观，在聋校语文教学中，提升听障学生阅读能力乃重中之重。提高听障学生阅读理解能力，对他们融入主流社会意义非凡。但通过对聋人阅读研究的考察发现，存在以下不足。

首先，对听障学生阅读研究重视程度不够。目前的阅读研究，多以健听学生为被试，而对听障学生的研究则相对较少。现有的听障研究又多以调查为主，实用性和教学性较差。

其次，对听障学生阅读理解的认知加工过程及干预手段研究不足。为了提高阅读教学的有效性，必须全面了解听障学生认知加工的特点，并有针对性地提出干预策略，以帮助他们寻求提高阅读理解效果的方法。

最后，阅读领域的研究方法有待革新。随着科学技术的发展，如眼动技术、核磁共振等的应用，如何提高阅读研究的生态性，从信息加工层面揭示阅读理解及其背后的内在机制，是未来研究的发展方向之一。

(二) 研究框架

本研究的总体假设是：与健听学生相比，听障学生的阅读理解监控水平较低，可采用适当的措施有效提高听障学生的阅读理解监控能力，最终达到提高阅读理解的效果。

本研究共由五个实验组成。

实验1，主要研究听障学生在背景材料通达与否的条件下的阅读理解监控能力及眼动特点。① 研究假设在阅读理解指标、基于自信心评价的监控指标及相关眼动指标三类因变量上，听障与健听学生主效应显著、通达与非通达两类阅读材料主效应显著、被试与阅读材料的交互作用显著。

实验2，主要研究听障学生在句内不一致与句外不一致两种条件下的阅读理解监控能力及眼动特点。② 研究假设在阅读理解指标、对不一致信息觉察的判断人数指标及相关眼动指标三类因变量上，听障与健听学生主效应显著、通达与非通达两类阅读材料主效应显著、被试与阅读材料的交互作用显著。

实验3，主要研究听障学生在矛盾信息处于间隔距离不同（间隔2句、间隔4句、间隔6句、间隔8句）的条件

---

① 刘晓明：《听障大学生阅读理解监控的眼动研究》，《中国特殊教育》2012年第1期。
② 刘晓明：《听障学生与健听学生阅读监控的眼动研究》，《中国听力语言康复科学杂志》2012年第5期。

下的阅读理解监控能力及眼动特点。研究假设在阅读理解指标、基于自信心评价的监控指标及相关眼动指标三类因变量上，听障与健听学生主效应显著、通达与非通达两类阅读材料主效应显著、被试与四类阅读材料的交互作用显著。

实验4，主要研究听障学生在矛盾信息处于不同结构条件下（直线型结构、坐标型结构、网状型结构）的阅读理解监控能力及眼动特点。研究假设在阅读理解指标、基于自信心评价的监控指标及相关眼动指标三类因变量上，听障与健听学生主效应显著、通达与非通达两类阅读材料主效应显著、被试与三类阅读材料的交互作用显著。

表3-1 阅读材料结构表

材料类型	关系	结构	图示
简单描述	顺序	直线型	
说明及论述	二维	坐标型	
综合性描述	上下位	网状型	

实验5，主要研究听障学生与健听学生在告知与非告知两种条件下的阅读理解监控能力及眼动特点。研究假设在阅读理解指标、基于自信心评价的监控指标及相关眼动指标三类因变量上，听障与健听学生主效应显著、告知与非告知两类阅读材料主效应显著、被试与阅读材料的交互作用显著。

第三章 阅读理解监控的研究方法及本研究的总体设计

如果假设成立，则为听障学生阅读理解监控的干预提供了可能。

五个实验的关系见图3-1。

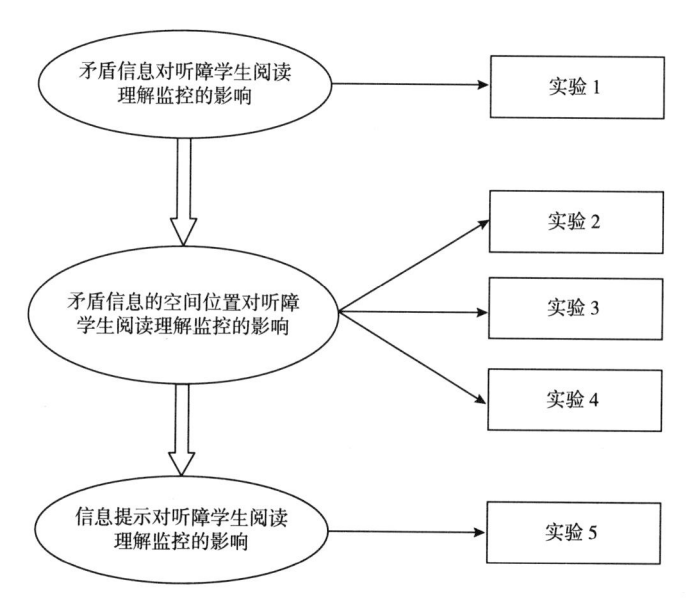

图3-1 五个实验的关系图

第四章　听障大学生在通达与非通达条件下阅读理解监控的眼动研究*

　　阅读理解监控，是指阅读者在阅读理解的全过程中，将自身的阅读理解活动作为意识对象，不断地进行主动积极的监视、评价、控制和调节。主要包括制定阅读目标、监视理解进程、选择理解策略、检查阅读效果和补救理解失败等要素。阅读理解过程中的监控是阅读元认知加工的一个核心概念，已逐渐成为阅读领域的研究重点。很多研究均已证明阅读理解是一个认知加工机制与元认知技能共同参与的过程，元认知和阅读理解之间显著相关。在听障学生阅读方面，国内外的研究大多集中在语音编码及其与阅读的关系上。涉及阅读理解的文章较少，仅从词汇知识、句法知识、背景知识以及阅读提示策略角度探讨了对阅读理解的影响。但是，在听障阅读已有的研究领域中，研究者尚未发现阅读监控系统相关的成果介绍。

　　由于听觉能力的丧失，依托视觉刺激来源的阅读成为听障学生获取信息的主要渠道。与健听学生相比，其阅读能力的高低对他们学习成绩的影响尤为明显。通过教学实践发现，听障

---

* 本实验主体已发表于《中国特殊教育》2012 年第 1 期。

第四章 听障大学生在通达与非通达条件下阅读理解监控的眼动研究

学生阅读理解能力普遍落后,听障学生的阅读困难问题已成为特殊教育界亟待解决的重要问题。

国内外学者对阅读理解监控的研究大多采用错误检测范式,随着科学技术的发展,有学者将眼动技术引入到阅读领域以获得更加精确的外部效度。在实际教学工作中我们发现,听障学生写作经常出现语句不通、前后矛盾的现象,有学者专门就文本局部连贯中断、背景材料是否通达做过研究。本研究希望通过对比在通达与非通达条件下,听障学生与健听学生阅读理解监控能力及眼动差异而获得听障学生阅读理解监控的特点。

一 实验目的

(1) 探讨听障与健听学生在面对信息通达与非通达条件下,阅读理解成绩、阅读速度、阅读效率的差异;

(2) 探讨听障与健听学生在面对信息通达与非通达条件下,阅读理解监控的眼动指标是否存在差异;

(3) 自信心评价作为测量阅读监控的传统方法已经得到认可,用眼动手段进行阅读监控的研究尚处在探索阶段,本研究亦想通过实验验证基于自信心评价的理解监控和基于错误觉察的眼动监控之间的差异。

二 实验方法

(一) 被试选择

听障被试选取标准:(1) 好耳听力损伤程度在90分贝以

上；（2）均未语前聋；（3）除听觉障碍外，没有其他障碍；（4）没有在普通学校读过书；（5）智力正常；（6）大学一、二年级的学生。听力正常被试选取标准：（1）智力正常；（2）无视觉听觉障碍；（3）普通大学一、二年级学生。从上海市徐汇区业余大学和南京特殊教育职业技术学院选取40名语言发展前全聋的听障大学生作为实验组，随机抽取37名无视听障碍的正常大学生作为对照组参加了本次实验。听障男生24人，女生16人；健听男生21人，女生16人。实验过程中，由于被试头部移动、睫毛过长、眼睛疲劳等原因，导致眼动仪有时无法记录到眼动数据，用SPSS16.0软件眼动数据进行统计分析前，先将不合格被试剔除。最终，获得有效听障被试23名，其中男生11人，女生12人，平均年龄21.58岁（SD = 2.15）；健听被试25名，其中男生13人，女生12人，平均年龄21.03岁（SD = 1.05）。

（二）实验设计

用2（实验材料：通达、非通达）×2（被试类型：听障、健听）两因素混合实验设计。其中实验材料是被试内因素，被试类型是被试间因素。自变量为实验材料和被试类型，因变量为阅读理解成绩、阅读速度、阅读效率、自信心水平及各项眼动指标（如注视点个数、回视次数、回视时间等）。

（三）实验材料和仪器

为消除个人经验和字词识别量等无关变量的影响，本实验材料主题均为被试熟悉的日常生活片段，材料尽量用简单、易

第四章 听障大学生在通达与非通达条件下阅读理解监控的眼动研究

懂的字词编写。实验材料共3篇,每篇材料约145字,共11个句子,由3句开头介绍、3句描写主人公特征、1句与主人公特征无关的主题转换句、1句目标句、3句结尾句组成。其中一篇作为练习材料,另外两篇作为正式实验材料。随机选取正式实验材料,其中一篇定义为"通达"。对于另一篇,将其目标句改写为"前面主人公特征不可能发生的行为",则该篇短文定义为"非通达"。短文后面设计了4道针对短文内容理解的四选一型选择题。

本研究为了考察被试在材料通达与否的情况下,阅读文章时的监控情况。将每篇阅读材料的第8句作为兴趣区1(通达情况下,第八句出现与主人公特征相符的行为;非通达情况下,第八句出现与主人公特征不相符的行为);将描写主人公特征的3个句子作为兴趣区2。兴趣区2主要考察在非通达情况下,当发现第八句(兴趣区1)与前面主人公特征不符的行为时,被试是否出现主动回视的眼动情况。

表4-1 实验材料及兴趣区划分

通达情况	1句通达目标句:豆豆妈妈像往常一样耐心地给他讲道理。	兴趣区1
	3句描写主人公特征的句子:豆豆妈妈是个老师,知书达理,素质很高。/懂得很多教育幼儿的知识和方法。/平时对豆豆很好,像朋友一样,从不打骂他。	兴趣区2
非通达情况	1句非通达目标句:李明飞速地滑了过去,救起了孩子。	兴趣区1
	3句描写主人公特征的句子:李明是个新手,刚开始学习轮滑。/技术不好,只能扶着栏杆慢慢走。/还不能让脚下的轮子听从指挥。	兴趣区2

本研究使用了 Tobii X120 眼动仪及 Tobii Studio 来采集、分析眼动数据。Tobii Studio 为用户提供了较为全面的数据分析软件。实验过程中采用双眼追踪，采样频率设置为 60Hz，采样精度为 0.50。

（四）实验程序

材料选择及制作完毕后，请听障班的老师对阅读材料的适用性做了评定，证实该材料难度及题目难度均适合所选被试的阅读水平；请 2 名听障大学生（非本实验被试）进行了预实验，两位学生均表示短文中没有生字生词，难度适中。

阅读材料确定后，将每篇材料分别制作成 JPEG 格式文件，然后导入眼动仪，呈现在分辨率为 1024×768 的 14 英寸显示器上。所有阅读材料选用 32 号宋体字，字间距为 1 磅，行间距为 22 磅。阅读理解测试题目以问卷形式呈现。要求被试通过鼠标点击选择正确答案。

实验在言语听觉康复科学教育部重点实验室眼动实验室进行。该实验室具有隔音、隔光等功能，可使被试在安静、舒适的环境中进行实验。主试 2 名，1 名负责操作眼动仪，另 1 名能够熟练使用手语与听障学生进行沟通。实验过程中采取 5 点定标个别施测方法。

本实验的指导语为书面呈现："同学，你好。请你仔细阅读短文并回答后面的问题。选好答案后，请对自己答对该题做一个自信心判断。A. 一定答对了；B. 可能答对了；C. 不清楚；D. 可能答错了；E. 一定答错了。"

第四章 听障大学生在通达与非通达条件下阅读理解监控的眼动研究

（五）测试指标

实验结束后，对实验结果的分析采用了三类指标：一类为阅读理解指标，包括阅读理解成绩、阅读速度和阅读效率；第二类为基于自信心评价的监控指标；第三类为眼动指标，又分为常规眼动指标和以回视为指标的监控眼动指标。常规眼动指标包括注视点个数和阅读时间；监控眼动指标包括回视次数、回视点个数及回视时间。

1. 阅读理解成绩

每篇短文后面有 4 道选择题，答对 1 题记 5 分，答错记 0 分，满分 20 分。

2. 阅读速度

阅读速度是指单位时间内阅读的字数，单位为字/分钟。阅读速度过快会影响阅读理解的准确性；阅读速度过慢则阅读效率过低。因此，阅读速度的快慢在一定程度上反映了被试阅读能力的高低。

3. 阅读效率

阅读效率是指单位时间内的阅读理解率。单纯的阅读理解成绩或者阅读速度，不能全面反映被试的阅读效果，因而必须将两者结合起来进行综合考察。本研究考虑了阅读效率，计算公式为：阅读效率 = 阅读速度 × 阅读理解率。其中，"阅读理解率"指的是被试在阅读理解测验中答对的问题数和问题总数之比。

4. 基于自信心评价的监控指标

每答一题后，要求被试对自己的回答结果进行自我评估。

信心分为五个等级：5分表示一定答对了；4分表示可能答对了；3分表示不清楚；2分表示可能答错了；1分表示一定答错了。然后将被试实际理解成绩与相应信心分按公式 $|D|=\sqrt{\sum_{i=1}^{4}(Xi-Yi)^2}$ 进行一致性检验。所得 $|D|$ 值便为该被试监控水平分数。$|D|$ 值越小，说明被试的理解水平与自身的估计越趋向一致，则阅读监控水平越高；反之，则越低。

5. 注视点个数

人们在阅读时所发生的眼球的连续运动称为眼跳，两次眼跳之间眼球的相对静止状态称为注视，一次注视也称为一个注视点。注视点个数是指注视点的数量，注视点个数可以从Tobii Studio分析软件中直接获得，其单位为个。

6. 阅读时间

从阅读开始到阅读结束所用的时间总和。阅读时间可以从Tobii Studio分析软件中直接获得，其单位为秒。

7. 以回视为指标的阅读监控眼动指标

回视是指被试在阅读过程中，注视点从后向前跳过多个字之后，对未理解或者产生疑问的内容进行再次注视，然后再回到先前正阅读的内容。本研究中回视特指被试的注视点从兴趣区1跳回到兴趣区2。回视考察指标有：回视次数、回视点个数及回视时间。

回视次数，指从兴趣区1跳回到兴趣区2的次数，单位为次。

回视点个数，指从兴趣区1跳回到兴趣区2，在兴趣区2内的注视点个数之和，单位为个。

回视时间，指从兴趣区 1 跳回到兴趣区 2，在兴趣区 2 内的注视点持续时间之和，单位为秒。

三 结果分析

（一）听障与健听学生阅读理解能力比较

1. 阅读理解成绩

表 4 - 2　听障与健听学生在两类材料上的阅读理解成绩

	通达	非通达
健听	19.40 ± 2.20	13.20 ± 3.19
听障	13.04 ± 3.91	11.52 ± 4.11

方差分析表明：实验材料的主效应极其显著，$F = 39.31$，$P < 0.01$；被试类型主效应极其显著，$F = 27.33$，$P < 0.01$；交互作用极其显著，$F = 14.43$，$P < 0.01$。进一步简单效应检验表明：（1）对于听障学生而言，无论材料通达与否，阅读理解成绩差别不大，$P > 0.05$；而健听学生则在两种阅读条件下表现出极其明显的差异，$P < 0.01$。（2）在通达条件下，两类学生的阅读理解成绩差异极其显著，$P < 0.01$；而在非通达条件下，两类学生的阅读成绩差异不大，$P > 0.05$。

2. 阅读速度的比较

表 4 - 3　听障与健听学生在两类材料上的阅读速度

单位：字/分钟

	通达	非通达
健听	462.46 ± 154.80	425.20 ± 141.21
听障	343.87 ± 138.46	287.74 ± 74.82

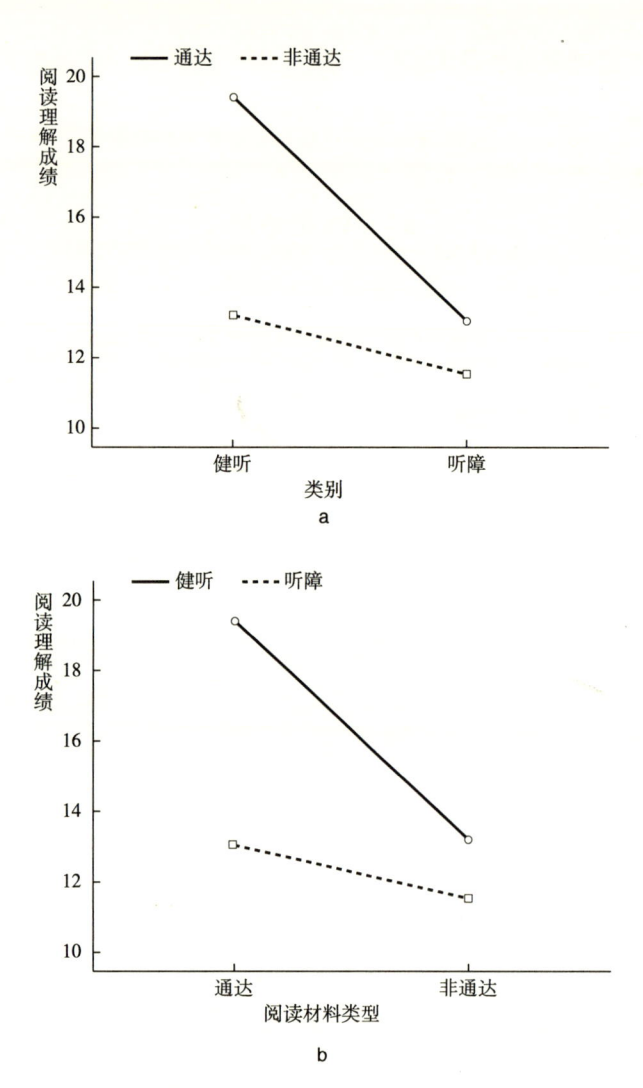

图 4-1　两类学生在两种阅读材料条件下的阅读理解成绩

以阅读速度为因变量进行方差分析，结果表明：实验材料的主效应极其显著，$F = 12.43$，$P < 0.01$；被试类型主效应极其显著，$F = 12.85$，$P < 0.01$；交互作用不显著，$F = 0.51$，$P > 0.05$。

第四章 听障大学生在通达与非通达条件下阅读理解监控的眼动研究 ✽

3. 阅读效率的比较

表 4 – 4 听障与健听学生在两类材料上的阅读效率

	通达	非通达
健听	447.27 ± 160.35	267.91 ± 75.57
听障	224.41 ± 104.24	162.16 ± 62.94

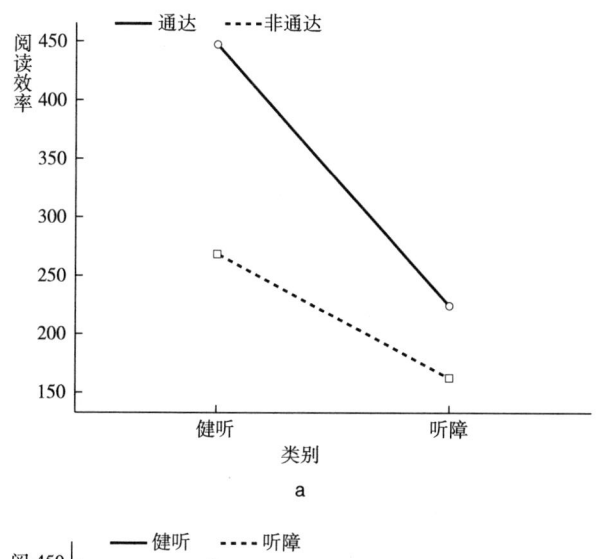

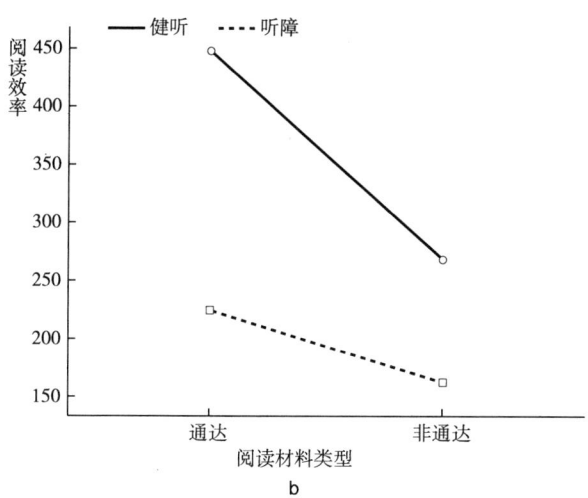

a

b

图 4 – 2 两类学生在两种阅读材料条件下的阅读效率

以阅读效率为因变量进行方差分析,结果表明:实验材料的主效应极其显著,F = 52.09,P < 0.01;被试类型主效应极其显著,F = 38.27,P < 0.01;交互作用极其显著,F = 12.47,P < 0.01。进一步简单效应检验表明以下两点:(1)对于听障学生而言,在两种阅读条件下,阅读效率差异显著,P < 0.05;而健听学生则在两种阅读条件下表现出极其明显的差异,P < 0.01。(2)在通达与非通达条件两种条件下,听障与健听学生的阅读效率差异均极其显著,P < 0.01。

(二)听障与健听学生基于自信心评价的监控指标的比较

表 4-5 听障与健听学生在两类材料上基于自信心评价的监控分数

	通达	非通达
健听	1.26 ± 1.51	5.20 ± 1.50
听障	5.17 ± 1.72	5.78 ± 2.06

由表 4-5 数据可知,健听学生在通达情况下表现出较高的阅读监控水平,在非通达情况下,则阅读监控水平较低。而听障学生无论材料通达与否,阅读监控水平均较低。方差分析表明:实验材料的主效应极其显著,F = 42.78,P < 0.01;被试类型主效应极其显著,F = 41.51,P < 0.01;交互作用极其显著,F = 22.99,P < 0.01。进一步简单效应检验表明:(1)对于听障学生而言,无论材料通达还是非通达,自信心分数即阅读监控水平差别不大,P > 0.05,阅读监控水平均较低;而健听学生则在两种阅读条件下表现出明显的差异,P < 0.01,通达情况下,阅读监控水平较高,而非通达情况下,阅读监控水

第四章 听障大学生在通达与非通达条件下阅读理解监控的眼动研究 ❋

平较低。(2) 在通达条件下,两类学生在基于自信心评价的监控指标上差异极其显著,P < 0.01,健听学生表现出较高的监控能力,而听障学生表现出较低的监控能力;在非通达条件下,两类学生在基于自信心评价的监控指标上差异不显著,P > 0.05,均表现出较低的阅读监控能力。

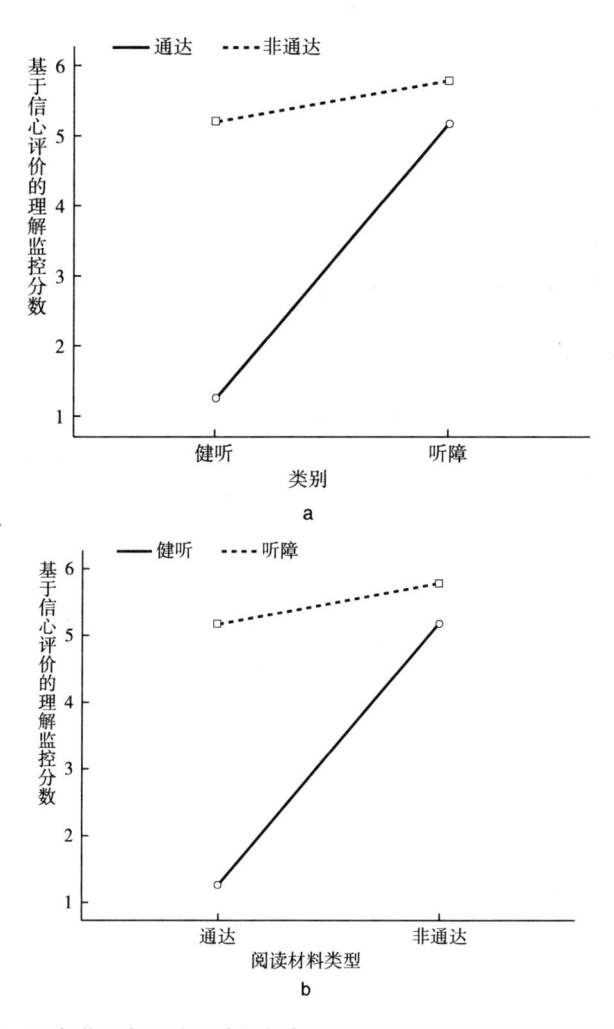

图 4-3 两类学生在两种阅读材料条件下基于自信心评价的理解监控分数

(三) 听障与健听学生相关眼动指标的比较

1. 注视点个数的比较

表4-6 听障与健听学生在两类材料上的注视点个数

单位：个

	通达	非通达
健听	67.16 ± 15.45	78.88 ± 18.12
听障	90.04 ± 27.99	106.35 ± 32.44

以注视点个数为因变量进行方差分析，结果表明：实验材料的主效应极其显著，$F = 28.05$，$P < 0.01$；被试类型主效应极其显著，$F = 15.09$，$P < 0.01$；交互作用不显著，$F = 0.75$，$P > 0.05$。

2. 阅读时间的比较

表4-7 听障与健听学生在两类材料上的阅读时间

单位：秒

	通达	非通达
健听	20.29 ± 6.47	22.85 ± 8.67
听障	28.19 ± 9.80	32.83 ± 12.19

以阅读时间为因变量进行方差分析，结果表明：实验材料的主效应极其显著，$F = 14.02$，$P < 0.01$；被试类型主效应极其显著，$F = 12.29$，$P < 0.01$；交互作用不显著，$F = 1.17$，$P > 0.05$。

3. 回视次数比较

表4-8 听障与健听学生在两类材料上的回视次数

单位：次

	通达	非通达
健听	0.16 ± 0.37	0.52 ± 0.65
听障	0 ± 0.00	0.22 ± 0.42

以回视次数为因变量进行方差分析,结果表明:实验材料的主效应极其显著,F = 11.72,P < 0.01;被试类型主效应显著,F = 6.09,P < 0.05;交互作用不显著,F = 0.72,P > 0.05。

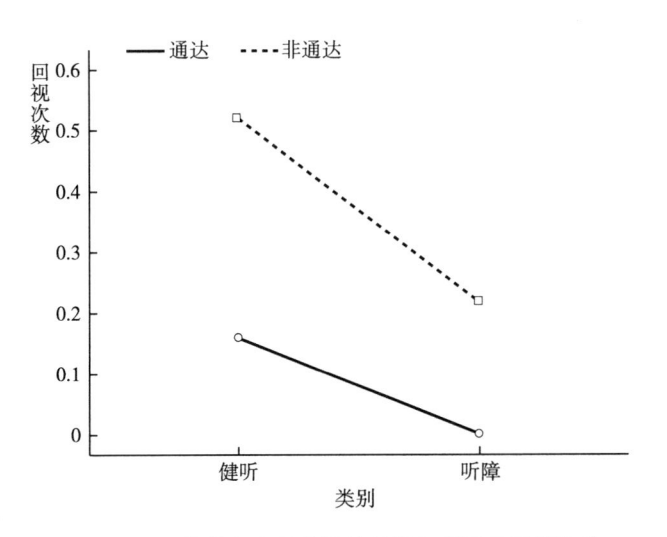

图 4 - 4　两类学生在两种阅读材料条件下的回视次数

4. 回视点个数比较

表 4 - 9　听障与健听学生在两类材料上的回视点个数

单位:个

	通达	非通达
健听	0.56 ± 1.33	2.24 ± 3.31
听障	0 ± 0.00	0.74 ± 2.16

以回视点个数为因变量进行方差分析,结果表明:实验材料的主效应极其显著,F = 12.04,P < 0.01;被试类型主效应显著,F = 4.55,P < 0.05;交互作用不显著,F = 1.82,P > 0.05。

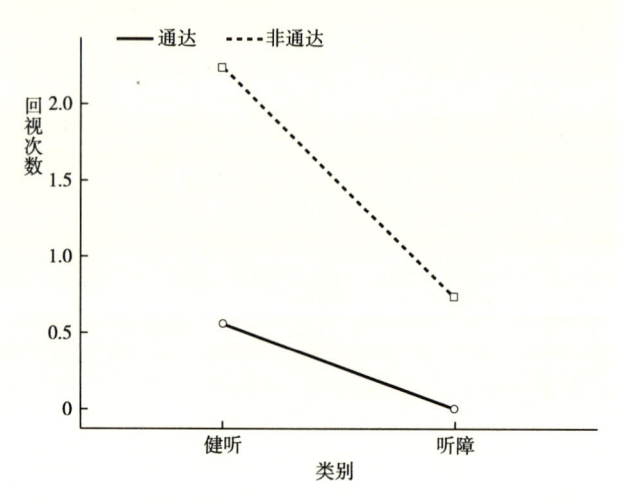

图 4-5 两类学生在两种阅读材料条件下的回视点个数

5. 回视时间比较

表 4-10 听障与健听学生在两类材料上的回视时间

单位：秒

	通达	非通达
健听	0.18 ± 0.47	0.65 ± 0.94
听障	0 ± 0.00	0.16 ± 0.48

以回视时间为因变量进行方差分析，结果表明：实验材料的主效应极其显著，$F = 9.61$，$P < 0.01$；被试类型主效应显著，$F = 6.19$，$P < 0.05$；交互作用不显著，$F = 2.29$，$P > 0.05$。

四　讨论

（一）听障与健听学生阅读理解水平的比较

根据实验结果可知，无论材料通达与否，健听学生阅读理

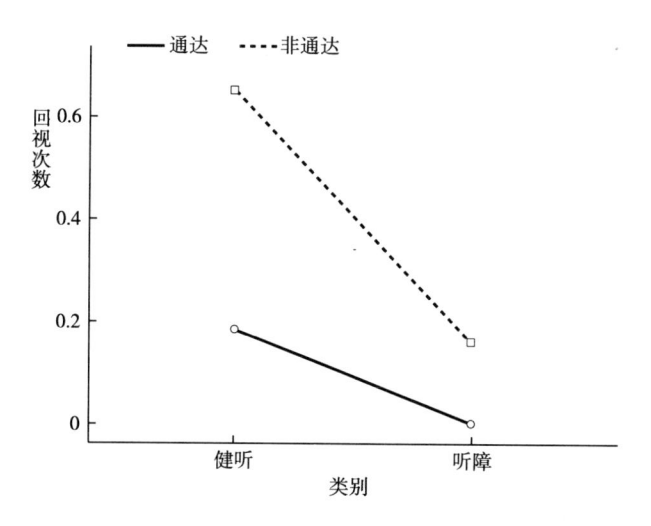

第四章 听障大学生在通达与非通达条件下阅读理解监控的眼动研究

图 4-6　两类学生在两种阅读材料条件下的回视时间

解成绩均高于听障学生，这符合预期。无论听障还是健听学生，通达情况下阅读理解成绩均高于非通达情况，这说明两类学生均对非通达现象有所意识，非通达材料对被试的阅读理解造成一定的干扰，从而影响了阅读理解成绩。这一结论与前人研究基本一致。[①] 材料通达与否对于健听学生的影响要显著大于听障学生，这说明健听学生能够更多地觉察出材料中的矛盾信息，对矛盾信息具有更强的敏感性，从而影响了阅读理解的正确性；而听障学生对矛盾信息的敏感性较低，觉察错误信息的能力较差，因此材料的通达性对听障学生而言意义不大。这与国外很多以低龄被试为研究对象的理解监控研究结论相吻合，即理解监控差的被试元认知的知识和体验相对

[①] 贺荟中：《聋生与听力正常学生语篇理解过程的认知比较》，博士学位论文，华东师范大学，2003，第34页；王瑞明、吴迪、邹艳荣等：《连贯性对文本表征意识性的影响》，《心理学报》2011年第10期。

不足。①

衡量阅读能力高低的一个主要指标就是单位时间内获取信息数量的多少。在眼动常规指标上，健听学生注视点个数和阅读时间均少于听障学生，而阅读速度、阅读效率则高于听障学生，这一结论与前人研究一致。② 健听学生在单位时间内处理信息数量多，加工信息效率高；听障学生在单位时间内处理信息数量少，加工信息效率低。

回视有助于对文章进行深层次的加工，③ 在阅读过程中，对未理解或者产生疑问的内容进行再次注视是元认知监控的体现。两类被试在以回视次数、回视时间和回视点个数为探查监控能力的指标上，均体现出材料通达与否的差异。可见非通达材料引发了两类被试的监控行为。听障学生在回视次数、回视时间和回视点个数上明显低于健听学生，且这3项理解监控测量指标的数据结果是完全一致的。这说明听障学生的阅读理解监控能力低于健听学生。这一结果验证了前人不同阅读能力学生监控能力有差异的结论。④ 元认知理论强调理解监控在阅读

---

① E. Skarakis‐Doyle, "Young Children's Detection of Violations in Familiar Stories and Emerging Comprehension Monitoring," *Discourse Processes* 33 (2) 2002: 175 - 197. R. Kinnunen, M. Vauras, & P. Niemi, "Comprehension Monitoring in Beginning Readers," *Scientific Studies of Reading* 2 (4) (1998): 353 - 375.

② 白学军、沈德立：《初学阅读者和熟练阅读者阅读课文时眼动特征比较研究》，《心理发展与教育》1995年第2期；白学军、阎国利：《儿童理解课文时眼动过程的研究》，《天津师大学报》1993年第6期。

③ 沈德立：《学生汉语阅读过程的眼动研究》，教育科学出版社，2001，第143~188页。

④ 徐富明、白学军、沈德立、施建农：《对阅读理解监控及其发展的直接测量》，《心理科学》2009年第1期。

当中的重要性，国内外很多研究也证实了优、差理解者在元认知上的差异，这和前人关于元认知监控能力与成绩相关性的结论一致。可见，听障学生阅读理解能力普遍不高可能为其元认知监控水平低下所致。

（二）两种理解监控研究方法的差异

本研究使用了两种方法来检测阅读监控水平：一种是基于自信心评价的理解监控检测方法；另一种是以回视为指标的眼动检测方法。研究发现，这两种方法的研究结果既有相同点，又有差异。两种方法均表明，无论健听学生还是听障学生都有一定的阅读监控能力，且健听学生监控水平高于听障学生。但以基于自信心评价为指标的阅读监控能力，材料通达与否对健听学生的影响远大于对听障学生的影响；而以眼动回视数据为指标评价监控能力，发现两类学生在材料通达与否上变化趋势一致。该结论用眼动的手段验证了前人关于这两种监控方法差异的解释。[①]

使用自信心评价的理解监控结果表明，无论听障还是健听学生，通达情况下监控能力均高于非通达情况，这说明两类学生均对非通达现象有所意识，非通达材料使得被试对自己理解程度的判断产生干扰，最终影响了自信心分数。材料通达与否，对健听学生的影响远大于对听障学生的影响，这可能是由于听障学生缺乏必要的阅读监控能力，

---

① 李伟健：《学习困难学生阅读元认知实验研究》，杭州出版社，2004，第144~162页。

从而导致对于错误觉察的能力差，对矛盾信息敏感性较低的缘故。

使用回视指标的眼动检测方法表明，以回视次数、回视点个数和回视时间为因变量进行方差分析表明，实验材料的主效应和被试类型的主效应均显著，交互作用均不显著。无论健听还是听障学生，非通达情况下比通达情况下，更能体现出监控水平。

这两种测量理解监控的方法都有其自身的优缺点。以回视为指标的眼动检测方法设计非常巧妙，与理解监控的过程十分相似，但往往针对的是文章的细节，体现的是对文章局部内容的实时监控水平，更多反映的是监控水平的生理指标。基于自信心评价的理解监控方法是一种常用的元认知测量方法，该方法的前提假设是个体对理解的自信程度与实际的理解水平之间的吻合程度，越吻合则监控水平越高。由于要求评价的是针对全文的理解程度，因此体现的是对文章整体的延时监控水平。相对于回视的眼动指标，其更多反映的是监控能力的心理指标。由此可见，要完整地研究阅读监控，最好将这两种监控方法结合起来。

五 结论

（1）听障学生阅读理解的整体能力低于健听学生，主要表现在文章阅读的整体效率显著低于健听学生。

（2）听障学生阅读监控能力低于健听学生，主要表现在基于自信心评价的理解监控和以回视为指标的眼动监控均低于健听学生。

（3）听障学生在阅读监控眼动指标上与健听学生有显著差异，主要表现在回视次数、回视时间和回视点个数上明显低于健听学生。

第五章 听障大学生在句内不一致与句外不一致条件下阅读理解监控的眼动研究*

由实验 1 我们得知,听障学生在阅读过程中表现出不同的眼动特征。相对而言,他们注视次数多、注视时间长,由此可见听障学生在单位时间内处理信息数量少,信息加工效率低。在以回视为监控指标的测查上发现,听障学生回视次数、回视时间和回视点个数上明显低于健听学生,且这 3 项理解监控测量指标的数据结果是完全一致的。这说明听障学生的阅读理解监控能力低于健听学生。这一结果验证了前人不同阅读能力学生监控能力有差异的结论。Garner 和 Kraus 研究了 12~13 岁的优差理解者对不一致信息的觉察情况。选取优差理解者各 15 名参与该实验,选取四篇含有矛盾信息的短文作为阅读材料,对被试进行单独访谈,要求被试指出这些内容是否含有矛盾信息,需要作者修改。结果发现,在参与实验的 15 名理解力优秀者中,4 名觉察了句子间的不一致性,12 名觉察了句子内的不一致性;而 15 名理解力差的学生既不能觉察句子间的不一致,也未能觉察句子内的不一致。由此实验得出理解力差的学

---

* 本研究发表于《中国听力语言康复科学杂志》2012 年第 3 期。

第五章 听障大学生在句内不一致与句外不一致条件下阅读理解监控的眼动研究

生其理解监控能力也差的结论。① 国内也有学者采用不一致觉察技术对学习困难学生的阅读监控做过研究,得出了相似的结论,② 但尚未出现对听障学生不一致觉察的监控研究。本实验希望借鉴错误觉察范式,并结合眼动技术,对听障学生句内与句外不一致情况做深入探讨。

一 实验目的

(1) 探讨听障与健听学生在句内不一致与句外不一致条件下,阅读理解成绩、阅读速度、阅读效率的差异;

(2) 探讨听障与健听学生在句内不一致与句外不一致条件下,对矛盾信息的查知人数的差异;

(3) 探讨听障与健听学生在句内不一致与句外不一致条件下,阅读理解监控的眼动指标是否存在差异。

二 实验方法

(一) 被试选择

听障被试选取标准:(1) 好耳听力损伤程度在90分贝以

---

① 尹丽娜:《初中生英语阅读理解元认知问卷的编制》,硕士学位论文,东北师范大学,2006,第9页;赵璇:《汉语学习者中文阅读理解监控能力研究》,硕士学位论文,华东师范大学,2006,第12页。

② 隋雪:《学习困难生阅读过程的眼动特征》,博士学位论文,辽宁师范大学,2004,第106页;李伟健:《学习困难学生阅读元认知实验研究》,杭州出版社,2004,第144~162页;刘新颜:《不同类型学生阅读理解监控能力的发展研究》,硕士学位论文,天津师范大学,2006,第15页。

上；（2）均为语前聋；（3）除听觉障碍外，没有其他障碍；（4）没有在普通学校读过书；（5）智力正常；（6）大学一、二年级的学生。听力正常被试选取标准：（1）智力正常；（2）无视觉听觉障碍；（3）普通大学一、二年级学生。从上海市徐汇区业余大学和南京特殊教育职业技术学院选取40名语言发展前全聋的听障大学生作为实验组，随机抽取37名无视听障碍的正常大学生作为对照组参加了本次实验。听障男生24人，女生16人；健听男生21人，女生16人。实验过程中，由于被试头部移动、睫毛过长、眼睛疲劳等原因，导致眼动仪有时无法记录到眼动数据，用SPSS16.0软件眼动数据进行统计分析前，先将不合格被试剔除。最终获得有效听障被试29名，其中男生18人，女生11人，平均年龄21.22岁（SD = 2.48）；健听被试32名，其中男生19人，女生13人，平均年龄20.88岁（SD = 1.24）。

（二）实验设计

用2（实验材料：句内不一致、句外不一致）×2（被试类型：听障、健听）两因素混合实验设计。其中实验材料是被试内因素，被试类型是被试间因素。自变量为实验材料和被试类型，因变量为阅读理解成绩、阅读速度、对不一致信息觉察的判断人数及各项眼动指标（如注视点个数、回视次数、回视时间等）。

（三）实验材料和仪器

为消除个人经验和字词识别量等无关变量的影响，本实验材料主题均为被试熟悉的日常生活片段，材料尽量用简单、易

第五章 听障大学生在句内不一致与句外不一致条件下阅读理解监控的眼动研究 ✽

懂的字词编写。实验材料共 2 篇，每篇材料约 130 字。每篇材料都包含不一致的矛盾信息，信息不一致发生在一个句子之内的，即为句内不一致；信息不一致发生在句子之间的，即为句外不一致。另有 1 篇文本信息完全通达，既没有句内不一致也没有句外不一致的材料作为干扰材料。所有实验材料随机呈现给被试。

本研究为考察被试在句内不一致和句外不一致条件下，阅读文章时的监控情况。将每篇阅读材料中产生矛盾的地方划为兴趣区。句内不一致条件下的兴趣区称为兴趣区 1，句外不一致条件下的兴趣区称为兴趣区 2。现以句内不一致举例说明。

"热带雨林中最流行的伪装术，就是伪装成树叶，因为这里到处都是沙漠。"其中"沙漠"就是句内不一致情况的兴趣区。

本研究使用了 Tobii X120 眼动仪及 Tobii Studio 来采集、分析眼动数据。Tobii Studio 为用户提供了较为全面的数据分析软件。实验过程中采用双眼追踪，采样频率设置为 60Hz，采样精度为 0.50。

（四）实验程序

材料选择及制作完毕后，请听障班的老师对阅读材料的适用性做了评定，证实该材料难度及题目难度均适合所选被试的阅读水平；请 2 名听障大学生（非本实验被试）进行了预实验，两位学生均表示短文中没有生字生词，难度适中。

阅读材料确定后，将每篇材料分别制作成 JPEG 格式文件，然后导入眼动仪，呈现在分辨率为 1024×768 的 14 英寸显示器上。所有阅读材料选用 32 号宋体字，字间距为 1 磅，行间距为 22 磅。阅读理解测试题目以问卷形式呈现。要求被试通过鼠标点击选择正确答案。

实验在言语听觉康复科学教育部重点实验室眼动实验室进行。该实验室具有隔音、隔光等功能，可使被试在安静、舒适的环境中进行实验。主试 2 名，1 名负责操作眼动仪，另 1 名能够熟练使用手语与听障学生进行沟通。实验过程中采取 5 点定标个别施测方法。

本实验的指导语为书面呈现："同学，你好。这里有 2 篇小短文，请你仔细阅读，并从后面的选项中选出你认为最能概括短文主要内容的答案。"

实验结束后，要求被试点击鼠标回答"本文中是否含有错误信息或者不通顺的地方"。

（五）测试指标

实验结束后，对实验结果的分析采用了三类指标：一类为阅读理解指标，包括阅读理解成绩和阅读速度；第二类为对不一致信息觉察的判断人数；第三类为眼动指标，又分为常规眼动指标和以回视为指标的监控眼动指标。常规眼动指标包括包含注视点个数和阅读时间；监控眼动指标包括回视次数、回视点个数及回视时间。

1. 阅读理解成绩

每篇短文后面有 1 道选择题，答对 1 题记 5 分，答错记 0 分。

2. 阅读速度

阅读速度是指单位时间内阅读的字数，单位为字/分钟。阅读速度过快会影响阅读理解的准确性；阅读速度过慢则阅读效率过低。因此，阅读速度的快慢在一定程度上反映了被试阅读能力的高低。

3. 对不一致信息觉察的判断人数

对两类被试在阅读过程中觉察材料不一致情况的人数进行统计。

4. 注视点个数

人们在阅读时所发生的眼球的连续运动称为眼跳，两次眼跳之间眼球的相对静止状态称为注视，一次注视也称为一个注视点。注视点个数是指注视点的数量，注视点个数可以从Tobii Studio 分析软件中直接获得，其单位为个。

5. 阅读时间

阅读时间为从阅读开始到阅读结束所用的时间总和。阅读时间可以从 Tobii Studio 分析软件中直接获得，其单位为秒。

6. 以回视为指标的阅读监控眼动指标

回视是指被试在阅读过程中，注视点从后向前跳过多个字之后，对未理解或者产生疑问的内容进行注视，然后再回到先前正阅读的内容。回视考察指标有：回视次数、回视点个数及回视时间。本研究中句内不一致条件下的回视指，按照常规方式阅读，对兴趣区1的再次注视；句外不一致的条件下的回视指，按照常规方式阅读，对兴趣区2的再次注视。

三 结果分析

(一) 听障学生与健听学生阅读理解指标的比较

1. 阅读理解成绩

表 5-1 听障与健听学生在两类不一致材料上的阅读理解成绩

	句内不一致	句外不一致
健听	5.00 ± 0.00	5.00 ± 0.00
听障	3.45 ± 2.35	2.76 ± 2.53

方差分析表明,实验材料的主效应不显著,$F=1.11$,$P>0.05$;被试类型主效应极其显著,$F=45.67$,$P<0.01$,说明在两种不一致条件下,健听学生的阅读理解成绩都高于听障学生;交互作用不显著,$F=1.11$,$P>0.05$。

2. 阅读速度的比较

表 5-2 听障与健听学生在两类不一致材料上的阅读速度

单位:字/分钟

	句内不一致	句外不一致
健听	368.05 ± 132.96	351.36 ± 135.84
听障	263.71 ± 124.94	306.97 ± 146.93

以阅读速度为因变量进行方差分析,结果表明:实验材料的主效应不显著,$F=0.84$,$P>0.05$;被试类型主效应显著,$F=5.57$,$P<0.05$,说明在两种不一致情况下,健听学生的阅读速度都快于听障学生;交互作用显著,$F=4.25$,$P<0.05$。进一步的简单效应检验表明:(1) 对于健听学生无论是句内不一致还是句外不一致,阅读速度差异不显著,$P>0.05$;而

第五章 听障大学生在句内不一致与句外不一致条件下阅读理解监控的眼动研究

听障学生则在两种阅读材料下表现出明显的差异,P<0.05。
(2)在句内不一致条件下,听障与健听学生阅读速度差异极其显著,P<0.01,健听学生的阅读速度要快于听障学生;而在句外不一致条件下,听障与健听学生的阅读速度差异不显著,P>0.05。

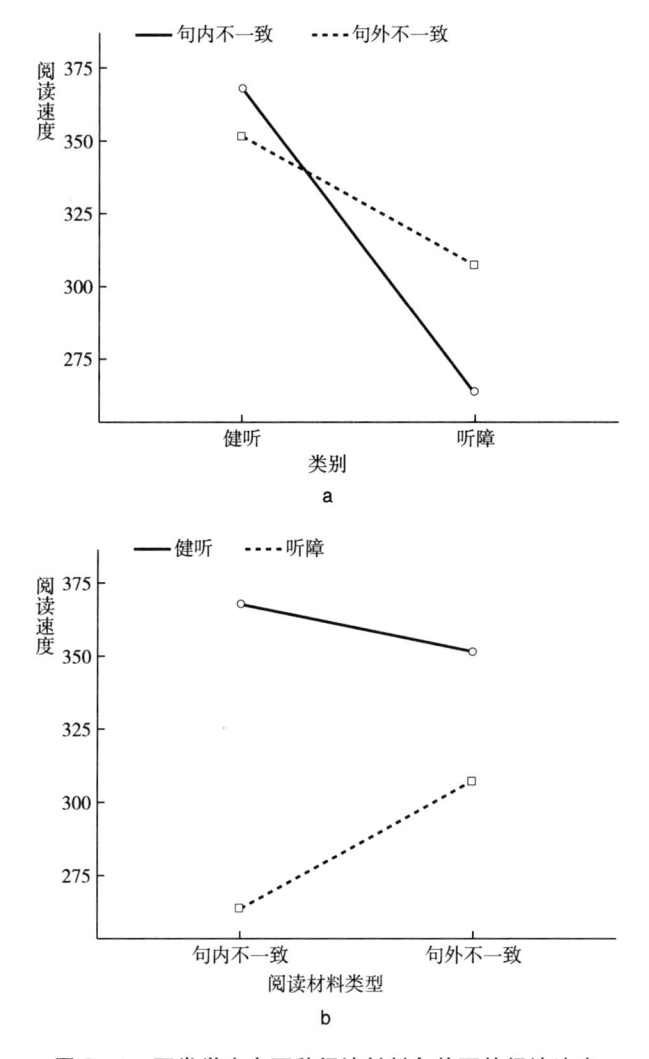

图 5-1 两类学生在两种阅读材料条件下的阅读速度

(二) 对不一致信息的觉察人数

对两类学生在阅读过程中对不一致材料的觉察人数进行统计,结果见表5-3。

表5-3　两类学生在两类阅读材料上对不一致情况的觉察人数

单位:人

	句内不一致	句外不一致
健听	23	29
听障	7	9

经卡方检验表明:觉察句内不一致的人数,听障与健听学生之间具有极其显著差异($\chi^2_{(1)}$ = 13.87,P<0.01);觉察句外不一致的人数,听障与健听学生之间也具有极其显著差异($\chi^2_{(1)}$ = 23.00,P<0.01)。

(三) 听障学生与健听学生眼动指标的比较

1. 注视点个数的比较

表5-4　听障与健听学生在两类不一致材料上的注视点个数

单位:个

	句内不一致	句外不一致
健听	74.53±19.23	78.84±20.81
听障	93.21±34.13	81.86±28.91

以注视点个数为因变量进行方差分析,结果表明:实验材料的主效应不显著,F=1.35,P>0.05;被试类型主效应不显著,F=3.28,P>0.05;交互作用显著,F=6.67,P<0.05。进一步的简单效应检验表明:(1)对于健听学生无论是句内不一致还是句外不一致,注视点个数差异不显著,P>0.05;

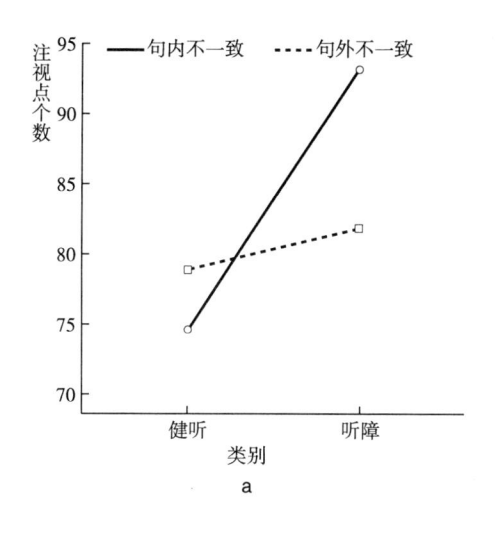

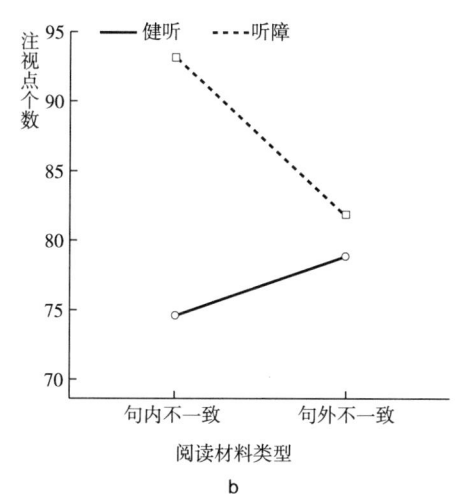

第五章 听障大学生在句内不一致与句外不一致条件下阅读理解监控的眼动研究

图 5-2 两类学生在两种阅读材料条件下的注视点个数

而听障学生则在两种阅读材料下表现出明显的差异,$P < 0.05$。(2) 在句内不一致的条件下,两类学生注视点个数差异显著,$P < 0.05$,听障学生的注视点个数明显多于健听学生的;在句外不一致条件下,两类学生注视点个数差异不显著,$P > 0.05$。

2. 阅读时间的比较

表 5-5 听障与健听学生在两类不一致材料上的阅读时间

单位：秒

	句内不一致	句外不一致
健听	21.91 ± 6.67	23.04 ± 6.80
听障	32.18 ± 11.86	28.66 ± 10.80

以阅读时间为因变量进行方差分析，结果表明：实验材料的主效应不显著，F = 1.07，P > 0.05；被试类型主效应极其显著

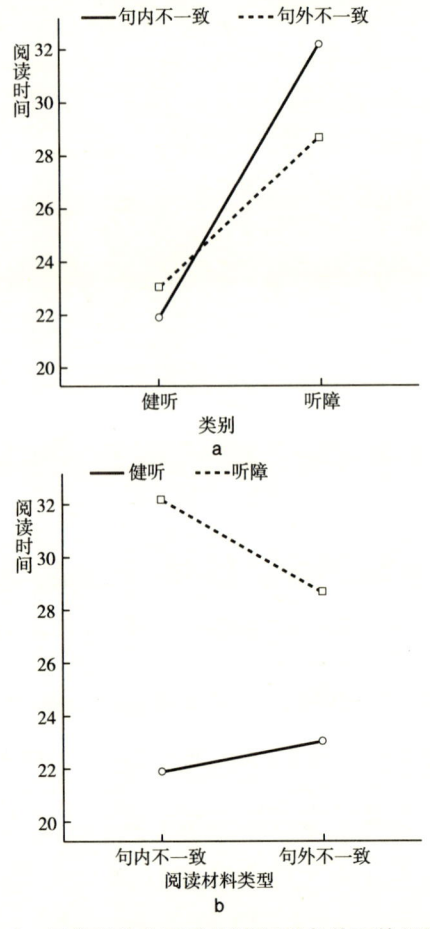

图 5-3 两类学生在两种阅读材料条件下的阅读时间

F = 14.85，P < 0.01，说明在两种不一致情况下，健听学生的阅读时间都少于听障学生；交互作用显著，F = 4.06，P < 0.05。进一步的简单效应检验表明：（1）对于健听学生无论是句内不一致还是句外不一致，阅读时间差异不显著，P > 0.05；而听障学生则在两种阅读材料下表现出明显的差异，P < 0.05。（2）在句内不一致的条件下，两类学生阅读时间差异极其显著，P < 0.01，听障学生的阅读时间要多于健听学生；在句外不一致条件下，两类学生阅读时间差异显著，P < 0.05，听障学生的阅读时间要多于健听学生。

3. 回视次数比较

表 5-6 听障与健听学生在两类不一致材料上的回视次数

单位：次

	句内不一致	句外不一致
健听	1.41 ± 0.84	1.38 ± 1.13
听障	0.76 ± 0.74	0.28 ± 0.65

以回视次数为因变量进行方差分析，结果表明：实验材料的主效应不显著，F = 2.52，P > 0.05；被试类型主效应极其显著，F = 33.22，P < 0.01，这说明在两种不一致情况下，健听学生的回视次数都多于听障学生；交互作用不显著，F = 1.94，P > 0.05。

4. 回视点个数比较

表 5-7 听障与健听学生在两类不一致材料上的回视点个数

单位：个

	句内不一致	句外不一致
健听	2.41 ± 1.60	4.44 ± 4.28
听障	1.10 ± 1.21	0.90 ± 2.26

以回视点个数为因变量进行方差分析,结果表明:实验材料的主效应显著,F=4.33,P<0.05,说明两类被试在句外不一致情况下的回视点个数均要多于句内不一致情况下的回视点个数;被试类型主效应极其显著,F=21.66,P<0.01,说明在两

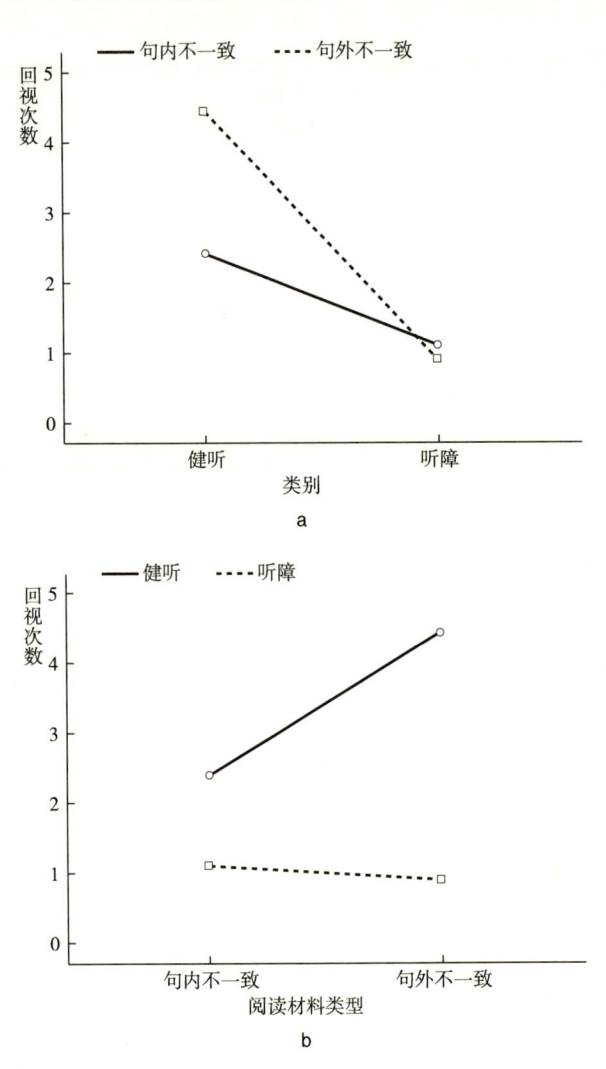

图 5-4 两类学生在两种阅读材料条件下的回视点个数

第五章 听障大学生在句内不一致与句外不一致条件下阅读理解监控的眼动研究

种不一致条件下,健听学生的回视点个数均多于听障学生;交互作用显著,F = 6.52,P < 0.05。进一步的简单效应检验表明:对于听障学生,无论是句内不一致还是句外不一致,回视点个数差异不显著,P > 0.05;健听学生则在两种阅读材料下表现出极其显著的差异,P < 0.01。

5. 回视时间比较

表 5 - 8　听障与健听学生在两类不一致材料上的回视时间

单位:秒

	句内不一致	句外不一致
健听	0.85 ± 0.75	1.29 ± 1.54
听障	0.42 ± 0.53	0.24 ± 0.58

以回视时间为因变量进行方差分析,结果表明:实验材料的主效应不显著,F = 0.79,P > 0.05;被试类型主效应极其显著,F = 13.81,P < 0.01,说明在两种不一致情况下,健听学生的回视时间都多于听障学生的;交互作用显著,F = 4.63,P < 0.05。进一步的简单效应检验表明:对于听障学生,无论是句内不一致还是句外不一致,回视时间差异不显著,P > 0.05;而健听学生则在两种阅读材料下表现出明显的差异,P < 0.05。

四　讨论

(一) 听障学生与健听学生阅读能力的比较

根据实验结果可知,无论句内不一致还是句外不一致,健听学生阅读理解成绩均高于听障学生,这符合预期。同时,实

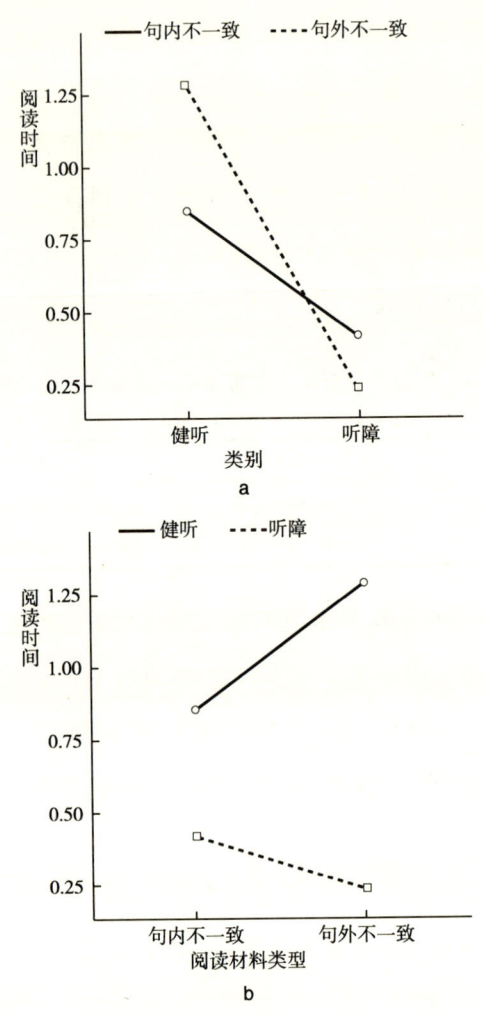

※ 听障大学生阅读理解监控的眼动研究

图 5-5 两类学生在两种阅读材料条件下的回视时间

验结果表明,听障学生阅读时间长、注视点多、阅读速度慢,这与前人关于阅读的眼动研究的结果相吻合。① 说明阅读能力

---

① 参见白学军、阎国利《儿童理解课文时眼动过程的研究》,《天津师大学报》1993 年第 6 期;白学军、沈德立《初学阅读者和熟练阅读者阅读课文时眼动特征比较研究》,《心理发展与教育》1995 年第 2 期。

第五章　听障大学生在句内不一致与句外不一致条件下阅读理解监控的眼动研究

强的阅读者,在阅读过程中具有阅读速度快、对阅读材料的注视点少、阅读时间少的特点。这些结论与本研究是相符的。由此可见,健听学生在单位时间内处理信息数量多,加工信息效率高;而听障学生在单位时间内处理信息数量少,加工信息效率低。这与实验1得到的结论是相同的。

（二）听障学生与健听学生阅读加工方式的比较

本研究中通过设置句内不一致与句外不一致,来探查听障学生与健听学生阅读监控的差异。结果发现,阅读材料变量对两类被试有着不同的影响,在阅读速度、阅读时间和注视点个数上均发现被试变量与材料变量之间存在交互作用。从简单效应的分析结果看,无论句内不一致还是句外不一致,健听学生在上述指标上变化不大,但听障学生却存在非常明显的差异。在句内不一致的情况下,听障学生阅读时间更长、阅读速度更慢、注视点更多。关于这种现象的解释,笔者认为这与被试的阅读加工模式有关。有学者在对听障学生阅读的研究中发现,听障学生在阅读过程中,更善于使用"自下而上"、逐字逐句地阅读的策略。正是由于听障学生的这个阅读习惯,使得他们在句内不一致材料上会关注更多,因此阅读时间长、注视点多、速度慢。[1]

（三）听障学生与健听学生阅读监控的眼动特征比较

有研究指出"回视"是由于对文章的理解错误而产生的

---

[1]　张蓓莉:《听觉障碍学生之语言能力研究》,《特殊教育研究学刊》1989年第5期。

一种自发行为,当阅读者对理解出现歧义或者遇到对句子的理解有错误的词语,他们的眼睛便能很准确地回视到这个部分。[①]可见回视行为的存在说明阅读者对自己阅读过程的监控与调节。本实验中,在以回视为指标的阅读监控能力的测查上,回视次数、回视点个数及回视时间都显示出听障与健听学生之间的差异,健听学生在上述指标上显著高于听障学生,这说明听障学生的阅读监控能力虽然存在,但的确低于健听学生。同时发现在回视点个数与回视时间指标上,被试变量与阅读材料变量之间存在交互作用。通过进一步的简单效应检验,发现对于听障学生,无论是句内不一致还是句外不一致,上述两个阅读监控眼动指标差异均不显著。可见,听障学生错误觉察的能力在这两种情况下都不高。而健听学生则较多地运用"从上而下"的阅读策略,对整体意义的把握要高于对细节信息的把握。

(四)听障学生与健听学生对不一致觉察能力的比较

本实验结果表明:在32名健听被试中有29名觉察到了句外不一致,占90.63%;而29名听障学生中仅有9名觉察到了句外不一致,占31.03%。统计检验表明,听障学生对句外不一致的觉察能力要显著低于健听学生。对句内不一致的觉察,听障与健听学生之间也有显著的差异。在32名健听被试中有23名觉察到了句内不一致,占71.88%;而29名听障学生中

---

① K. Rayner, L. Frazier, "Selection Mechanisms in Reading Lexically Ambiguous Words," *Journal of Experimental Psychology: Learning, Memory, and Cognition* 15 (1989): 779 - 790.

第五章　听障大学生在句内不一致与句外不一致条件下阅读理解监控的眼动研究

仅有7名觉察到了句内不一致，占24.14%。统计检验表明，听障学生对句内不一致的觉察能力也要显著低于健听学生。可见，本实验结果与预期一致，听障学生对句内不一致和句外不一致的觉察能力显著低于健听学生，这一结论与李伟健对学困生的阅读研究结果相吻合，即阅读成绩低的阅读者对错误信息的觉察能力要低于阅读成绩高的阅读者。①

本实验结果还表明，无论健听还是听障学生，对于句外不一致的觉察人数比例都高于对于句内不一致的觉察人数比例。这一结论也与李伟健对学困生的阅读研究结果相一致，但与Garner和Kraus的结论不同。② 在Garner和Kraus的实验中，15名阅读优秀者有4名觉察了句外不一致，12名觉察了句内不一致；15名阅读困难者对句内不一致和句外不一致均未查知。究其原因，可能是由于Garner和Kraus的被试量较少，出现抽样误差所致。也有可能是由于中文的语言表达与语序等与外文不同，从而使得中文的句外不一致现象更容易被发现。

五　结论

（1）听障学生阅读理解的整体能力低于健听学生，主要表现在文章阅读的阅读理解成绩和阅读速度均显著低于健听学生。

---

① 李伟健：《学习困难学生阅读理解监视的实验研究》，《心理与行为研究》2004年第1期。

② Bernice L. Wong, "Metacognition and Learning Disabilities," In Bernice L. Wong, *The ABCs of Learning Disabilities* (Academic Press, Inc., 1996), pp. 120–139.

（2）听障学生阅读监控能力低于健听学生，主要表现在对句内不一致与句外不一致的觉察人数上均低于健听学生。

（3）听障学生在阅读监控眼动指标上与健听学生有显著差异，主要表现在回视次数、回视时间和回视点个数上均明显低于健听学生。

第六章　听障大学生在矛盾信息的不同间隔条件下阅读理解监控的眼动研究

由实验2我们得知,听障学生在阅读过程中表现出不同的眼动特征。相对而言,他们注视次数多、注视时间长,由此可见听障学生在单位时间内处理信息数量少,信息加工效率低。在以回视为监控指标的测查中发现,听障学生回视次数、回视时间和回视点个数上明显低于健听学生,且这3项理解监控测量指标的数据结果是完全一致的。这说明听障学生的阅读理解监控能力低于健听学生。同时根据对觉察不一致信息的人数比对,发现听障学生虽然错误察知人数明显少于健听学生,但也有部分听障学生具备错误察知的监控能力。但是对于间隔距离的监控能力,目前还未见相关报道。因此,本实验通过设置不同间隔距离的矛盾信息来探查听障学生阅读监控的情况。

一　实验目的

通过在阅读材料中不同位置设置矛盾信息,使得矛盾信息的距离间隔分别是2句、4句、6句和8句,考察听障学生在这四种情况下的眼动特征，进一步揭示听障学生阅读监控的特点。主要考察以下方面。

（1）探讨听障与健听学生在矛盾信息的不同间隔条件下，阅读理解成绩、阅读速度、阅读效率的差异；

（2）探讨听障与健听学生在矛盾信息的不同间隔条件下，阅读理解监控的眼动指标是否存在差异；

（3）探讨听障与健听学生在矛盾信息的不同间隔条件下，基于自信心评价的理解监控水平是否存在差异。

二　实验方法

（一）被试选择

听障被试选取标准：（1）好耳听力损伤程度在90分贝以上；（2）失聪年龄在4岁以前（语言发展之前）；（3）除听觉障碍外，没有其他障碍；（4）没有在普通学校读过书；（5）智力正常；（6）大学一、二年级的学生。听力正常被试选取标准：（1）智力正常；（2）无视觉听觉障碍；（3）普通大学一、二年级学生。从上海市徐汇区业余大学和南京特殊教育职业技术学院选取40名语言发展前全聋的听障大学生作为实验组，随机抽取37名无视听障碍的正常大学生作为对照组参加了本次实验。听障男生24人，女生16人；健听男生21人，女生16人。实验过程中，由于被试头部移动、睫毛过长、眼睛疲劳等原因，导致眼动仪有时无法记录到眼动数据，用SPSS16.0软件眼动数据进行统计分析前，先将不合格被试剔

第六章 听障大学生在矛盾信息的不同间隔条件下阅读理解监控的眼动研究

除。最终,获得有效听障被试 34 名,其中男生 22 人,女生 12 人,平均年龄 20.92 岁（$SD = 2.19$）；健听被试 32 名,其中男生 20 人,女生 12 人,平均年龄 20.72 岁（$SD = 1.39$）。

（二）实验设计

用 4（实验材料类型：矛盾信息出现的位置为间隔 2 句、间隔 4 句、间隔 6 句和间隔 8 句）×2（被试类型：听障、健听）两因素混合实验设计。其中实验材料是被试内因素,被试类型是被试间因素。自变量为实验材料类型和被试类型,因变量为阅读理解成绩、阅读速度、阅读效率、自信心水平及各项眼动指标（如注视点个数、回视次数、回视时间等）。

（三）实验材料和仪器

为消除个人经验和字词识别量等无关变量的影响,本实验材料主题均为被试熟悉的片段,材料尽量用简单、易懂的字词编写。实验材料共 8 篇,每篇材料约 175 字。每篇材料都包含不一致的矛盾信息：信息不一致发生在间隔 2 句的,称为间隔 2 句矛盾；信息不一致发生在间隔 4 句的,称为间隔 4 句矛盾；信息不一致发生在间隔 6 句的,称为间隔 6 句矛盾；信息不一致发生在间隔 8 句的,称为间隔 8 句矛盾。将 8 篇材料随机分为 2 份,每份都含上述四类间隔矛盾的阅读材料一篇。随机选取其中一份材料中的一篇作为练习材料,另外一份中的四篇则作为正式实验材料。所有实验材料随机呈现给被试。

本研究是考察被试在矛盾信息出现在间隔距离不同的条件下的阅读监控情况。将每篇阅读材料中产生矛盾的 2 处地方划为兴趣区。现以"间隔4句矛盾"的阅读材料举例说明。

　　丽丽和菲菲是一对好朋友。两人经常一起逛街、看书、吃饭。彼此对对方的饮食、爱好非常熟悉。丽丽是个素食主义者，不吃荤的，只吃素的。菲菲没有什么忌口的，荤素都能吃。一天两人相约去常去的快餐店吃饭。丽丽先到的，等菲菲的时候先点了一杯柠檬水喝。餐厅里正播放着熟悉的钢琴曲。菲菲来后，丽丽迅速地点了两份鸡腿汉堡套餐。她们边吃边聊，非常开心。吃完饭，两个人又去看了一场电影。

上述材料中"丽丽是个素食主义者，不吃荤的，只吃素的"与其后面间隔4句的第五句"菲菲来后，丽丽迅速地点了两份鸡腿汉堡套餐"产生矛盾。因此将前面"丽丽是个素食主义者，不吃荤的，只吃素的"划为兴趣区1，而后面"菲菲来后，丽丽迅速地点了两份鸡腿汉堡套餐"划为兴趣区2。

间隔2句矛盾、间隔6句矛盾和间隔8句矛盾也按照此方法划定兴趣区。

本研究使用了Tobii X120眼动仪及Tobii Studio来采集、分析眼动数据。Tobii Studio为用户提供了较为全面的数据分析软件。实验过程中采用双眼追踪，采样频率设置为60Hz，采样精度为0.50。

（四）实验程序

材料选择及制作完毕后，请听障班的老师对阅读材料的适用性做了评定，证实该材料难度及题目难度均适合所选被试的

第六章 听障大学生在矛盾信息的不同间隔条件下阅读理解监控的眼动研究

阅读水平；请 2 名听障大学生（非本实验被试）进行了预实验，两位学生均表示短文中没有生字生词，难度适中。

阅读材料确定后，将每篇材料分别制作成 JPEG 格式文件，然后导入眼动仪，呈现在分辨率为 1024×768 的 14 英寸显示器上。所有阅读材料选用 32 号宋体字，字间距为 1 磅，行间距为 22 磅。阅读理解测试题目以问卷形式呈现。要求被试通过鼠标点击选择正确答案。

实验在言语听觉康复科学教育部重点实验室眼动实验室进行。该实验室具有隔音、隔光等功能。可使被试在安静、舒适的环境中进行实验。主试 2 名，1 名负责操作眼动仪，另 1 名能够熟练使用手语与听障学生进行沟通。实验过程中采取 5 点定标个别施测方法。

本实验的指导语为书面呈现："同学，你好。请你仔细阅读短文并回答后面的问题。选好答案后，请对自己答对该题做一个自信心判断。A. 一定答对了；B. 可能答对了；C. 不清楚；D. 可能答错了；E. 一定答错了。"

（五）测试指标

实验结束后，对实验结果的分析采用了三类指标：一类为阅读理解指标，包括阅读理解成绩、阅读理解速度和阅读理解效率；第二类为基于自信心评价的监控指标；第三类为眼动指标，又分为常规眼动指标和以回视为指标的监控眼动指标。常规眼动指标包括注视点个数和阅读时间；监控眼动指标包括回视次数、回视点个数及回视时间。

1. 阅读理解成绩

每篇短文后面有 4 道选择题，答对 1 题记 5 分，答错记 0 分，满分 20 分。

2. 阅读速度

阅读速度是指单位时间内阅读的字数，单位为字/分钟。阅读速度过快会影响阅读理解的准确性；阅读速度过慢则阅读效率过低。因此，阅读速度的快慢在一定程度上反映了被试阅读能力的高低。

3. 阅读效率

阅读效率是指单位时间内的阅读理解率。单纯的阅读理解成绩或者阅读速度，不能全面反映被试的阅读效果，因而必须将两者结合起来进行综合考察。本研究考虑了阅读效率，计算公式为：阅读效率＝阅读速度×阅读理解率。其中，"阅读理解率"指的是被试在阅读理解测验中答对的问题数和问题总数之比。

4. 基于自信心评价的监控指标

每答一题后，要求被试对自己的回答结果进行自我评估。信心分为五个等级：5 分表示一定答对了；4 分表示可能答对了；3 分表示不清楚；2 分表示可能答错了；1 分表示一定答错了。然后将被试实际理解成绩与相应信心分按公式 $|D| = \sqrt{\sum_{i=1}^{4}(Xi - Yi)^2}$ 进行一致性检验。所得 $|D|$ 值便为该被试监控水平分数。$|D|$ 值越小，说明被试的理解水平与自身的估计越趋向一致，则阅读监控水平越高；反之，则越低。

5. 注视点个数

人们在阅读时所发生的眼球的连续运动称为眼跳，两次眼跳之间眼球的相对静止状态称为注视，一次注视也称为一个注视点。注视点个数是指注视点的数量，注视点个数可以从 Tobii Studio 分析软件中直接获得，其单位为个。

6. 阅读时间

从阅读开始到阅读结束所用的时间总和。阅读时间可以从 Tobii Studio 分析软件中直接获得，其单位为秒。

7. 以回视为指标的阅读监控眼动指标

回视是指被试在阅读过程中，注视点从后向前跳过多个字之后，对未理解或者产生疑问的内容进行注视，然后再回到先前正阅读的内容。本研究中回视包含两种情况：一为被试的注视点从兴趣区 2 跳回到兴趣区 1；二为在兴趣区 2 内的回视情况。回视考察指标有：回视次数、回视点个数及回视时间。

回视次数：（1）指从兴趣区 2 跳回到兴趣区 1 的次数；（2）在兴趣区 2 再次注视的次数。本实验回视次数特指两者之和。

回视点个数：（1）指从兴趣区 2 跳回到兴趣区 1，在兴趣区 1 内的再次注视的注视点个数之和；（2）对兴趣区 2 再次注视的注视点个数之和。本实验回视点个数特指两者之和。

回视时间：（1）指从兴趣区 2 跳回到兴趣区 1，在兴趣区 1 内的再次注视的注视时间之和；（2）对兴趣区 2 再次注视的注视时间之和。本实验回视时间特指两者之和。

三 结果分析

(一) 听障学生与健听学生阅读理解指标的比较

1. **阅读理解成绩**

表 6-1 听障与健听学生在四类材料上的阅读理解成绩

	间隔 2 句	间隔 4 句	间隔 6 句	间隔 8 句
健听	16.56 ± 3.46	15.78 ± 3.62	19.38 ± 1.68	18.75 ± 2.54
听障	10.15 ± 5.00	12.79 ± 5.10	13.97 ± 4.89	13.68 ± 4.97

方差分析表明:实验材料的主效应极其显著,$F = 10.74$,$P < 0.01$。多重比较结果显示:间隔 2 句与间隔 4 句之间差异不显著,$P > 0.05$;间隔 2 句与间隔 6 句之间差异极其显著,$P < 0.01$;间隔 2 句与间隔 8 句之间差异极其显著,$P < 0.01$;间隔 4 句与间隔 6 句之间差异极其显著,$P < 0.01$;间隔 4 句

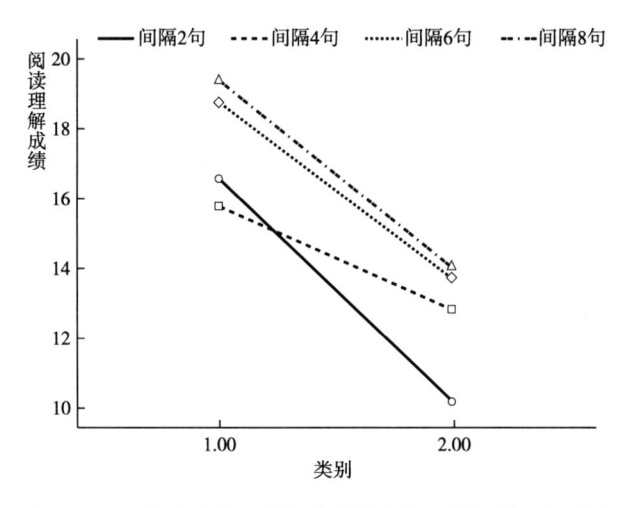

图 6-1 两类学生在四种阅读材料条件下的阅读理解成绩

第六章 听障大学生在矛盾信息的不同间隔条件下阅读理解监控的眼动研究

与间隔 8 句之间差异极其显著，P < 0.01；间隔 6 句与间隔 8 句之间差异不显著，P > 0.05。被试类型主效应极其显著，F = 72.44，P < 0.01；交互作用不显著，F = 2.25，P > 0.05。

2. 阅读速度的比较

表 6 - 2　听障与健听学生在四类材料上的阅读速度

单位：字/分钟

	间隔 2 句	间隔 4 句	间隔 6 句	间隔 8 句
健听	478.01 ± 142.82	373.70 ± 93.43	487.87 ± 137.37	432.55 ± 152.15
听障	343.04 ± 147.29	320.59 ± 115.70	338.07 ± 125.12	324.44 ± 116.06

以阅读速度为因变量进行方差分析，结果表明：实验材料的主效应极其显著，F = 10.02，P < 0.01。多重比较结果显示：间隔 2 句与间隔 4 句之间差异极其显著，P < 0.01；间隔 2 句与间隔 6 句之间差异不显著，P > 0.05；间隔 2 句与间隔 8 句之间差异显著，P < 0.05；间隔 4 句与间隔 6 句之间差异极其显著，P < 0.01；间隔 4 句与间隔 8 句之间差异显著，P < 0.01；间隔 6 句与间隔 8 句之间差异极其显著，P < 0.01。被试类型主效应极其显著，F = 16.88，P < 0.01；交互作用极其显著，F = 4.72，P < 0.01。进一步的简单效应检验表明：（1）在间隔 2 句、间隔 6 句、间隔 8 句的情况下，听障与健听学生阅读速度差异极其显著，P < 0.01；在间隔 4 句的情况下，听障与健听学生阅读速度差异显著，P < 0.05。（2）对健听学生而言，间隔 2 句与间隔 4 句之间、间隔 4 句与间隔 6 句之间，阅读速度差异极其显著，P < 0.01；间隔 4 句与间隔 8 句之间、间隔 6 句与间隔 8 句之间，阅读速度差异显著，P < 0.05；间隔 2 句与间隔 6 句之间、间隔 2 句与间隔 8 句之间，阅读速度差异不显著，P > 0.05。对听障学生而言，无论矛

※ 听障大学生阅读理解监控的眼动研究

盾信息的间隔距离多大,阅读速度差异不大,P>0.05。

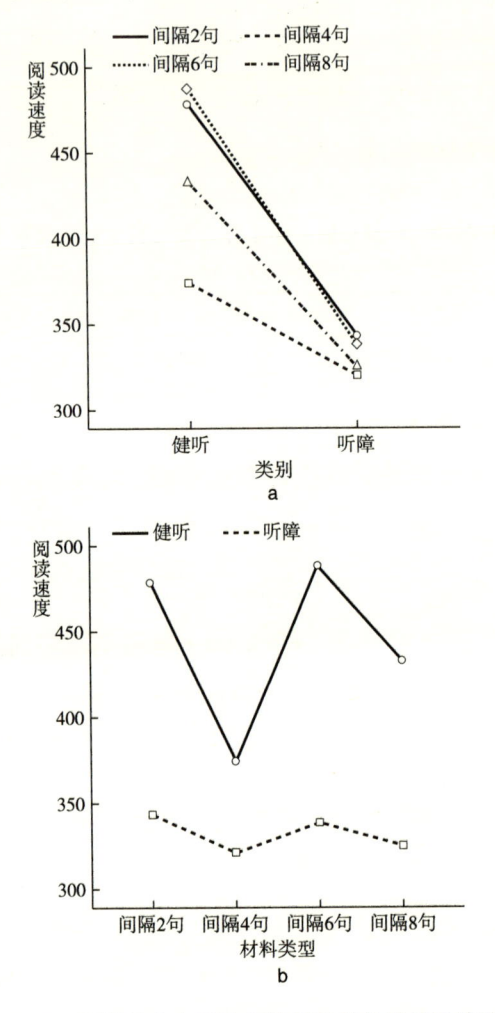

6-2 两类学生在四种阅读材料条件下的阅读速度

3. 阅读效率的比较

表6-3 听障与健听学生在四类材料上的阅读效率

	间隔2句	间隔4句	间隔6句	间隔8句
健听	394.68 ± 141.71	343.78 ± 135.85	471.14 ± 133.55	405.21 ± 150.51
听障	169.28 ± 110.17	199.35 ± 119.73	232.75 ± 113.71	217.76 ± 109.17

· 108 ·

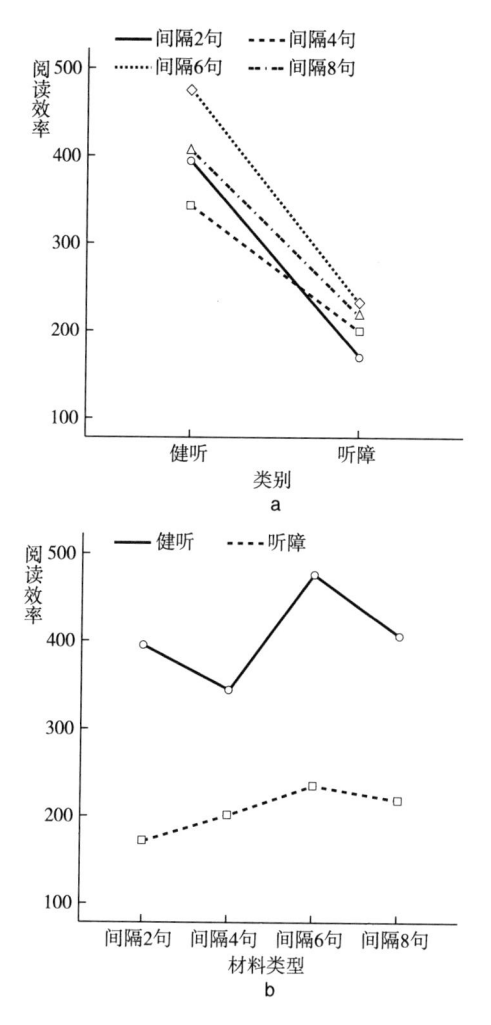

第六章 听障大学生在矛盾信息的不同间隔条件下阅读理解监控的眼动研究 ✽

图6-3 两类学生在四种阅读材料条件下的阅读效率

以阅读效率为因变量进行方差分析，结果表明：实验材料的主效应极其显著，F = 10.17，P < 0.01。多重比较结果显示：间隔2句与间隔4句之间差异不显著，P > 0.05；间隔2句与间隔6句之间差异极其显著，P < 0.01；间隔2句与间隔8句之间差异不显著，P > 0.05；间隔4句与间隔6句之间差异极其显著，P < 0.01；间隔 4 句与间隔 8 句之间差异显著，P < 0.05；间隔 6 句与间隔 8 句之间差异极其显著，P < 0.01。被试类型主效应极其显著，F = 66.05，P < 0.01；交互作用显著 F = 3.5，P < 0.05。进一步的简单效应检验表明：（1）在间隔 2 句、间隔 4 句、间隔 6 句和间隔 8 句的情况下，听障与健听学生阅读效率差异均极其显著，P < 0.01。（2）对健听学生而言，在间隔 2 句与间隔 6 句、间隔 4 句与间隔 6 句的情况下，阅读效率差异极其显著，P < 0.01；在间隔 4 句与间隔 8 句、间隔 6 句与间隔 8 句的情况下，阅读效率差异显著，P < 0.05；间隔 2 句与间隔 4 句、间隔 2 句与间隔 8 句之间，阅读效率的差异不显著，P > 0.05。对听障学生而言，间隔 2 句与间隔 6 句之间，阅读效率差异极其显著，P < 0.01；其余矛盾信息的间隔之间，阅读效率差异均不显著，P > 0.05。

（二）基于自信心评价的监控指标的比较

表 6 - 4　听障与健听学生在四类材料上基于自信心评价的监控指标

	间隔 2 句	间隔 4 句	间隔 6 句	间隔 8 句
健听	3.39 ± 1.92	3.50 ± 1.79	0.96 ± 1.23	1.08 ± 1.48
听障	6.25 ± 1.47	4.58 ± 2.30	4.29 ± 2.66	4.27 ± 2.67

由表 6 - 4 数据可知，健听学生随着矛盾信息间隔的距离的增加，表现出较高的阅读监控水平，而听障学生无论在哪种矛盾信息间隔情况下，阅读监控水平均较低。对听障学生与健听学生在这四类材料上基于自信心评价的监控指标进行方差分析表明：实验材料的主效应极其显著，F = 22.18，P < 0.01。多重比较结果显示：间隔 2 句与间隔 4 句之间差异显著，P <

第六章 听障大学生在矛盾信息的不同间隔条件下阅读理解监控的眼动研究 ✳

0.05；间隔 2 句与间隔 6 句之间差异极其显著，P < 0.01；间隔 2 句与间隔 8 句之间差异极其显著，P < 0.01；间隔 4 句与间隔 6 句之间差异极其显著，P < 0.01，间隔 4 句与间隔 8 句

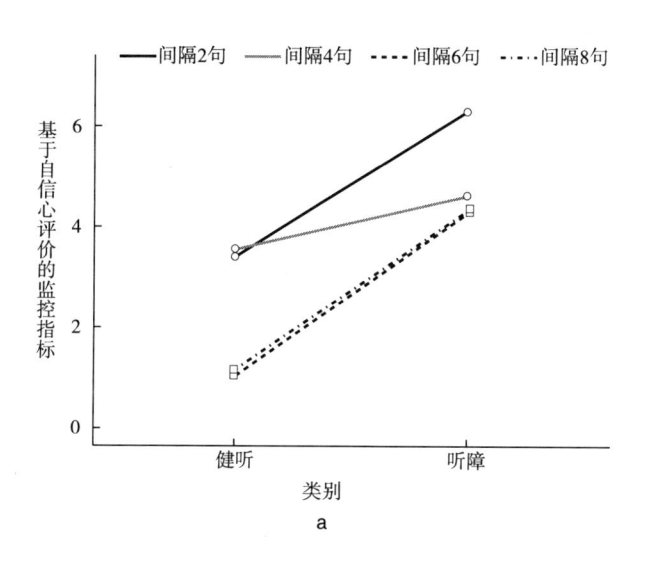

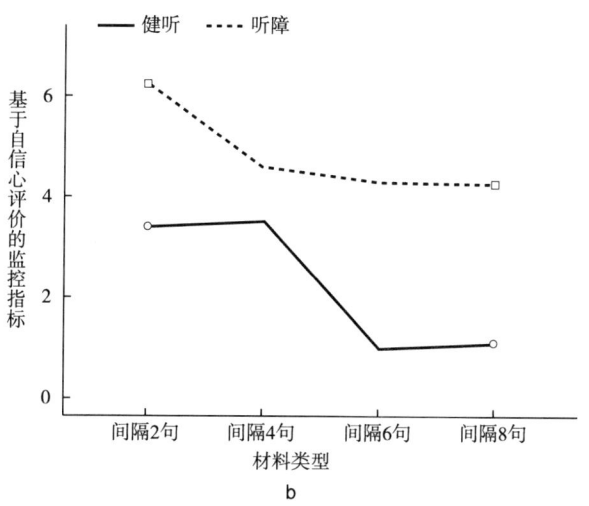

图 6-4 两类学生在四种阅读材料条件下基于自信心评价的监控指标

之间差异极其显著；P<0.01，间隔6句与间隔8句之间差异不显著，P>0.05。被试类型主效应极其显著，F=75.67，P<0.01；交互作用极其显著，F=5.21，P<0.01。进一步的简单效应检验表明：①在间隔2句、间隔6句、间隔8句的情况下，听障与健听学生在基于自信心评价的监控指标上差异极其显著，P<0.01；在间隔4句的情况下，听障与健听学生在基于自信心评价的监控指标上差异显著，P<0.05。②对健听学生而言，间隔2句与间隔6句之间、间隔2句与间隔8句之间、间隔4句与间隔6句之间、间隔4句与间隔8句之间，基于自信心评价的监控指标上差异极其显著，P<0.01；间隔2句与间隔4句之间、间隔6句与间隔8句之间基于自信心评价的监控指标上差异不显著，P>0.05。对于听障学生而言，间隔2句与间隔4句之间、间隔2句与间隔6句之间、间隔2句与间隔8句之间，基于自信心评价的监控指标上差异极其显著，P<0.01；间隔4句与间隔6句之间、间隔4句与间隔8句之间、间隔6句与间隔8句之间，基于自信心评价的监控指标上差异不显著，P>0.05。

（三）听障学生与健听学生眼动指标的比较

1. 注视点个数的比较

表6-5 听障与健听学生在四类材料上注视点个数

单位：个

	间隔2句	间隔4句	间隔6句	间隔8句
健听	84.41±20.78	96.81±24.73	87.75±23.62	100.44±32.06
听障	105.68±33.95	102.18±29.60	107.56±30.14	110.85±33.03

第六章 听障大学生在矛盾信息的不同间隔条件下阅读理解监控的眼动研究

以注视点个数为因变量进行方差分析,结果表明:实验材料的主效应显著,$F = 3.66$,$P < 0.05$。多重比较结果显示:间隔 2 句与间隔 4 句之间差异不显著,$P > 0.05$;间隔 2 句与间隔 6 句之间差异不显著,$P > 0.05$;间隔 2 句与间隔 8 句之间差异极其显著,$P < 0.01$;间隔 4 句与间隔 6 句之间差异不显著,$P > 0.05$;间隔 4 句与间隔 8 句之间差异不显著,$P > 0.05$;间隔 6 句与间隔 8 句之间差异显著,$P < 0.05$。被试类型主效应显著,$F = 5.92$,$P < 0.05$;交互作用不显著,$F = 2.60$,$P > 0.05$。

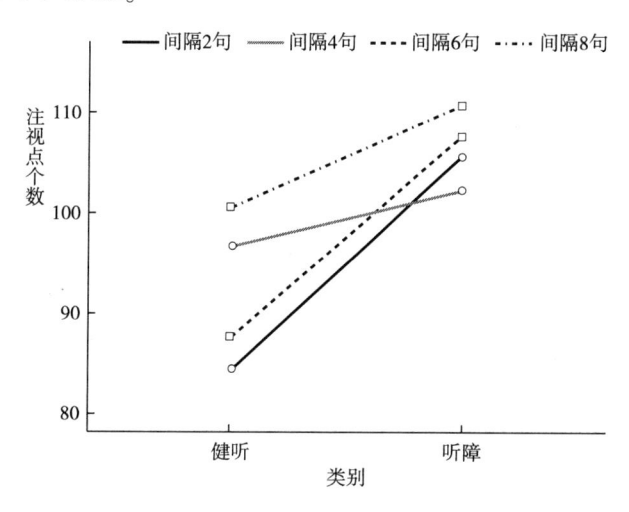

图 6 - 5 两类学生在四种阅读材料条件下的注视点个数

2. 阅读时间的比较

表 6 - 6 听障与健听学生在四类材料上阅读时间

单位:秒

	间隔 2 句	间隔 4 句	间隔 6 句	间隔 8 句
健听	22.85 ± 7.45	26.92 ± 6.01	23.47 ± 6.04	27.07 ± 8.86
听障	36.06 ± 14.03	33.09 ± 10.31	35.55 ± 12.03	36.00 ± 11.25

以阅读时间为因变量进行方差分析，结果表明：实验材料的主效应不显著，F＝1.62，P＞0.05；被试类型主效应极其显著，F＝23.90，P＜0.01；交互作用极其显著，F＝4.36，P＜0.01。进一步的简单效应检验表明：①无论矛盾信息在哪一种间隔距离下，听障与健听学生阅读时间差异均极其显著，P＜0.01。②对健听学生而言，除间隔2句与间隔4句之间，阅读时间差异显著，P＜0.05；其余矛盾信息不同间隔情况下，阅读时间差异均不显著，P＞0.05。对听障学生而言，矛盾信息在4种间隔情况下，阅读时间差异均不显著，P＞0.05。

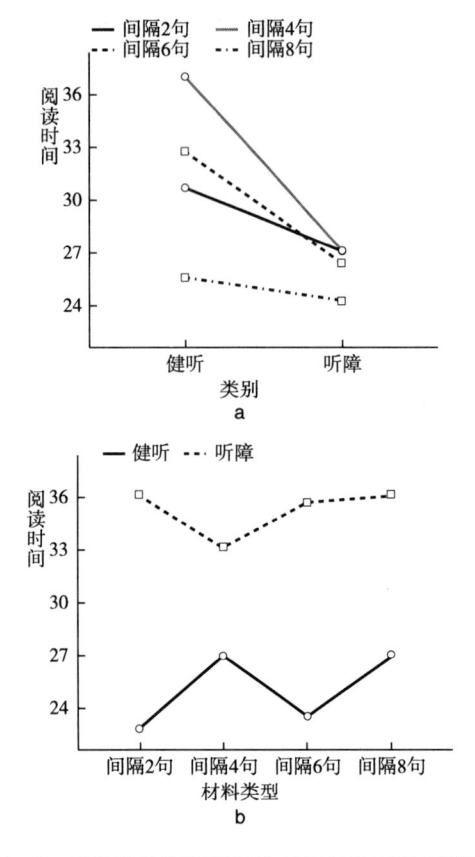

图6－6 两类学生在四种阅读材料条件下的阅读时间

第六章 听障大学生在矛盾信息的不同间隔条件下阅读理解监控的眼动研究

3. 回视次数比较

表 6-7 听障与健听学生在四类材料上回视次数

单位：次

	间隔 2 句	间隔 4 句	间隔 6 句	间隔 8 句
健听	1.53 ± 0.84	2.38 ± 1.41	1.78 ± 1.36	0.66 ± 0.79
听障	0.88 ± 0.91	0.79 ± 0.81	0.74 ± 0.93	0.32 ± 0.53

以回视次数为因变量进行方差分析，结果表明：实验材料的主效应极其显著，$F = 20.21$，$P < 0.01$。多重比较结果显示：间隔 2 句与间隔 4 句之间差异显著，$P < 0.05$；间隔 2 句与间隔 6 句之间差异不显著，$P > 0.05$；间隔 2 句与间隔 8 句之间差异极其显著，$P < 0.01$；间隔 4 句与间隔 6 句之间差异显著，$P < 0.05$；间隔 4 句与间隔 8 句之间差异极其显著，$P < 0.01$；间隔 6 句与间隔 8 句之间差异极其显著，$P < 0.01$。被试类型主效应显著，$F = 30.14$，$P < 0.01$；交互作用极其显著，$F = 6.88$，$P < 0.01$。进一步的简单效应检验表明：（1）在间隔 2 句、间隔 4 句、间隔 6 句的情况下，听障与健听学生回视次数差异极其显著，$P < 0.01$；在间隔 8 句的情况下，听障与健听学生回视次数差异显著，$P < 0.05$。（2）对健听学生而言，间隔 2 句与间隔 4 句之间、间隔 2 句与间隔 8 句之间、间隔 4 句与间隔 8 句之间、间隔 6 句与间隔 8 句之间，回视次数差异极其显著，$P < 0.01$；间隔 2 句与间隔 6 句之间、间隔 4 句与间隔 6 句之间，回视次数差异不显著，$P > 0.05$。对听障学生而言，除间隔 2 句与间隔 8 句之间，回视次数差异极其显著，$P < 0.01$；其余矛盾信息不同间隔情况下，回视次数差异均不显著，$P > 0.05$。

※ 听障大学生阅读理解监控的眼动研究

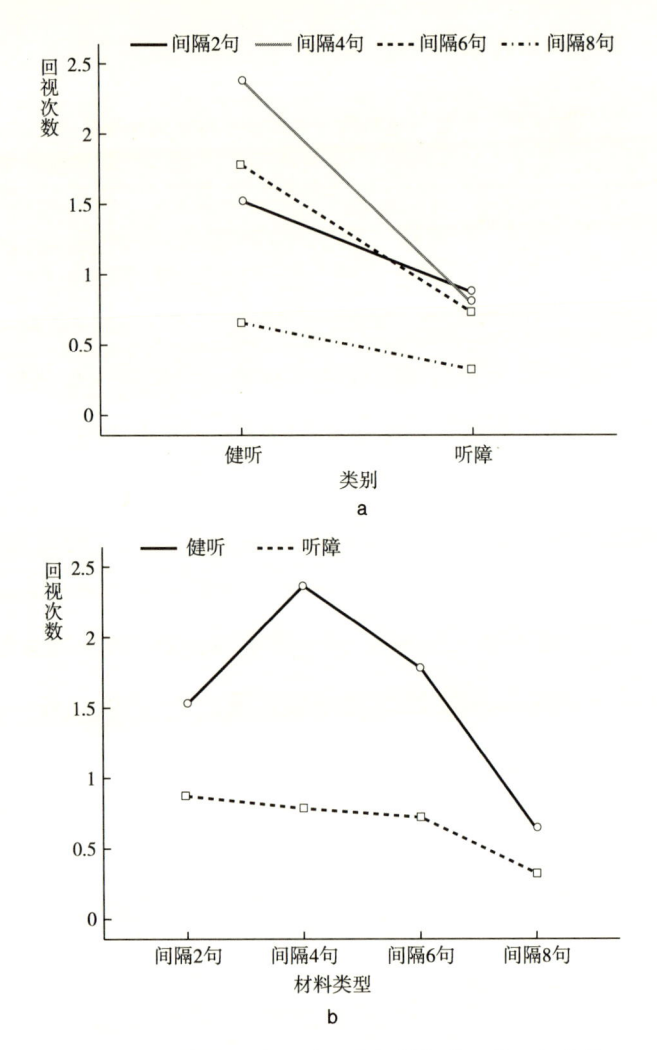

图 6-7 两类学生在四种阅读材料条件下的回视次数

4. 回视点个数比较

表 6-8 听障与健听学生在四类材料上回视点个数

单位：个

	间隔 2 句	间隔 4 句	间隔 6 句	间隔 8 句
健听	4.41 ± 3.40	7.72 ± 5.27	5.53 ± 5.01	1.66 ± 2.51
听障	2.44 ± 3.12	2.50 ± 3.13	2.09 ± 2.95	0.94 ± 2.17

第六章 听障大学生在矛盾信息的不同间隔条件下阅读理解监控的眼动研究

以回视点个数为因变量进行方差分析,结果表明:实验材料的主效应极其显著,F = 18.17,P < 0.01。多重比较结果显示:间隔2句与间隔4句之间差异极其显著,P < 0.01;间隔2句与间隔6句之间差异不显著,P > 0.05;间隔2句与间隔8句之间差异极其显著,P < 0.01;间隔4句与间隔6句之间差异显著,P < 0.05;间隔4句与间隔8句之间差异极其显著,P < 0.01;间隔6句与间隔8句之间差异极其显著,P < 0.01。被试类型主效应极其显著,F = 22.10,P < 0.01;交互作用极其显

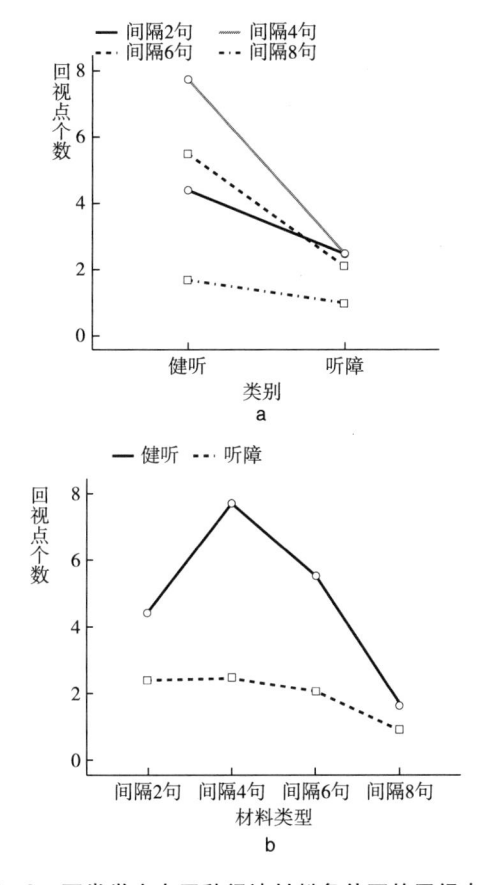

图6-8 两类学生在四种阅读材料条件下的回视点个数

著，F = 6.84，P < 0.01。进一步的简单效应检验表明：①在间隔 2 句的情况下，听障与健听学生回视点个数差异显著，P < 0.05；在间隔 4 句和间隔 6 句的情况下，听障与健听学生回视点个数差异极其显著，P < 0.01；在间隔 8 句的情况下，听障与健听学生回视次数差异不显著，P > 0.05。②对健听学生而言，在间隔 2 句与间隔 4 句之间、间隔 2 句与间隔 8 句之间、间隔 4 句与间隔 8 句之间、间隔 6 句与间隔 8 句之间，回视点个数差异极其显著，P < 0.01；在间隔 2 句与间隔 6 句之间、间隔 4 句与间隔 6 句之间，回视点个数差异不显著，P > 0.05。对听障学生而言，在矛盾信息的 4 种间隔情况下，回视点个数差异均不显著，P > 0.05。

5. 回视时间比较

表 6 – 9　听障与健听学生在四类材料上回视时间

单位：秒

	间隔 2 句	间隔 4 句	间隔 6 句	间隔 8 句
健听	1.28 ± 1.21	2.01 ± 1.43	1.45 ± 1.59	0.41 ± 0.59
听障	0.62 ± 0.83	0.73 ± 0.93	0.46 ± 0.63	0.22 ± 0.44

以回视时间为因变量进行方差分析，结果表明：实验材料的主效应极其显著，F = 17.79，P < 0.01。多重比较结果显示：间隔 2 句与间隔 4 句之间差异显著，P < 0.05；间隔 2 句与间隔 6 句之间差异不显著，P > 0.05；间隔 2 句与间隔 8 句之间差异极其显著，P < 0.01；间隔 4 句与间隔 6 句之间差异极其显著，P < 0.01；间隔 4 句与间隔 8 句之间差异极其显著，P < 0.01；间隔 6 句与间隔 8 句之间差异极其显著，P < 0.01。被试类型主效应极其显著 F = 19.32，P < 0.01；交互作用极其显著，F = 5.18，P < 0.01。进一步的简单效应检验表

第六章 听障大学生在矛盾信息的不同间隔条件下阅读理解监控的眼动研究 ✱

明：(1) 在间隔 2 句的情况下，听障与健听学生回视时间差异显著，$P<0.05$；在间隔 4 句和间隔 6 句的情况下，听障与健听学生回视时间差异极其显著，$P<0.01$；在间隔 8 句的情况下，听障与健听学生回视时间差异不显著，$P>0.05$。(2) 对健听学生而言，在间隔 2 句与间隔 4 句之间，回视时间差异显著，$P<0.05$；间隔 2 句与间隔 8 句之间、间隔 4 句与间隔 8 句之间、间隔 6 句与间隔 8 句之间，回视时间差异极其显著，$P<0.01$；在间隔 2 句与间隔 6 句之间、间隔 4 句与间隔 6 句之间，回视时间差异不显著，$P>0.05$。对听障学生而言，在矛盾信息的 4 种间隔情况下，回视时间差异均不显著，$P>0.05$。

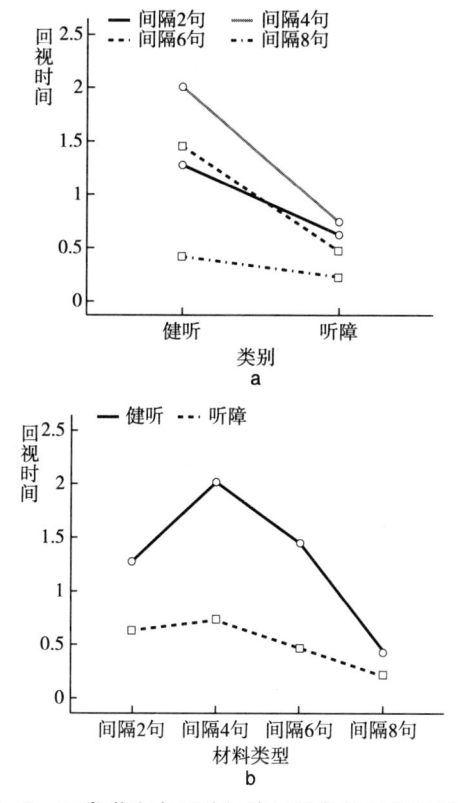

图 6-9 两类学生在四种阅读材料条件下的回视时间

四 讨论

(一) 听障与健听学生阅读理解水平的比较

根据实验结果可知，无论矛盾信息的间隔距离是多少，健听学生阅读理解成绩均高于听障学生，这符合预期。无论是听障还是健听学生，矛盾信息的间隔距离均对阅读理解成绩产生了一定的影响，矛盾信息间隔距离近的，阅读理解成绩的差异不大（间隔2句与间隔4句，阅读理解成绩无显著差异；间隔6句与间隔8句，阅读理解成绩无显著差异），矛盾信息间隔距离远的，阅读理解成绩差异较大。此外，根据阅读理解成绩的均值可以看出，无论听障还是健听学生，矛盾信息间隔距离大的，阅读理解成绩高，矛盾信息间隔距离小的，阅读理解成绩低。由此可见，矛盾信息的间隔距离会对被试的阅读理解造成一定的影响，矛盾信息间隔越大的，造成的影响越小，矛盾信息间隔距离越小的，造成的影响越大。分析原因，可能与个体的工作记忆有关。这验证了前人关于听障学生工作记忆的特征与健听学生类似的结论。[①]

在阅读速度与阅读效率的指标上，显示出听障与健听学生之间的差异，听障学生具有阅读速度慢、阅读效率低的特点。在阅读速度与阅读效率的指标上，都显示出听障与健听学生之间的差异，听障学生具有阅读速度慢、阅读效率低的特点。同

[①] 卢凤：《聋生工作记忆与录像呈现条件下语言理解的关系》，硕士学位论文，华东师范大学，2007，第49页。

第六章 听障大学生在矛盾信息的不同间隔条件下阅读理解监控的眼动研究

时发现在上述两个指标上,被试变量与阅读材料变量之间存在交互作用,通过进一步的简单效应检验发现:对于健听学生而言,在矛盾信息的4种间隔情况下,上述两个阅读理解的指标差异较大,说明矛盾信息的存在对于健听学生的阅读造成了一定的影响。而对于听障学生而言,在矛盾信息的4种间隔情况下,上述两个阅读理解的指标差异不大,可见,矛盾信息的存在对于听障学生的阅读影响不大,听障学生错误觉察的能力在这4种情况下都不高。

(二) 基于自信心评价的监控指标的探讨

本研究使用了基于自信心评价的理解监控检测方法,结果发现健听学生随着矛盾信息间隔距离的增加,表现出较高的阅读监控水平,而听障学生无论在哪种矛盾信息间隔情况下,阅读监控水平均较低。在基于自信心评价的监控指标上,被试变量与阅读材料变量之间存在交互作用,通过进一步的简单效应检验发现:对于健听学生而言,在矛盾信息间隔距离差异小的两组阅读材料之间(间隔2句与间隔4句、间隔6句与间隔8句),基于自信心评价的监控指标上差异不显著,且在矛盾信息间隔距离小(间隔2句、间隔4句)的阅读材料上,基于自信心评价的监控指标较高,显示出较低的监控能力,而在矛盾信息间隔距离大(间隔6句、间隔8句)的阅读材料上,基于自信心评价的监控指标较低,显示出较高的监控能力。这一结果说明,健听学生在矛盾信息间隔距离小的阅读材料上觉察错误的能力较强,矛盾信息的存在影响了其对自信心指数的判断,根据本实验结果图6-4-a可知,健听学生对于矛盾信息的觉察间隔距离在间隔4句与间隔6句之间。而对于听障学生而言，在矛盾信息间隔距离差异小的三组阅读材料之间（间隔4句与间隔6句、间隔4句与间隔8句、间隔6句与间隔8句），基于自信心评价的监控指标上差异不显著，且在矛盾信息间隔距离大（间隔4句、间隔6句、间隔8句）的阅读材料上，基于自信心评价的监控指标较低，显示出较高的监控能力，而在矛盾信息间隔距离小（间隔2句）的阅读材料上，基于自信心评价的监控指标较高，显示出较低的监控能力。这一结果说明，听障学生在矛盾信息间隔距离小（间隔2句）的阅读材料上显示出初步的觉察错误的能力，矛盾信息的存在影响了其对自信心指数的判断，根据本实验结果图 6-4-b 可知，听障学生对于矛盾信息的觉察间隔距离在间隔2句与间隔4句之间。由此可见，听障学生对于矛盾信息的觉察间隔距离少于健听学生，听障学生的阅读监控能力低于健听学生。这一结果验证了实验1的结论。

（三）听障与健听学生阅读监控的眼动指标上的差异分析

Rayner 和 Frazier 指出"回视"是由于对文章的理解错误而产生的一种自发行为，当阅读者遇到对句子的理解有错误的词语或者对理解出现歧义，他们的眼睛便能很准确地回视到这个部分。[①] 可见回视行为的存在说明阅读者对自己阅读过程的

---

① 徐富明、白学军、沈德立、施建农：《对阅读理解监控及其发展的直接测量》，《心理科学》2009年第1期。

监控与调节。① 本实验中，在以回视为指标的阅读监控能力的测查上，回视次数、回视点个数及回视时间都显示出听障与健听学生之间的差异，健听学生在上述指标上显著高于听障学生，这说明听障学生的阅读监控能力虽然存在，但的确低于健听学生。这一结论与前面两个实验相同。同时发现在回视点个数与回视时间指标上，被试变量与阅读材料变量之间存在交互作用。通过进一步的简单效应检验，发现在间隔 2 句、间隔 4 句和间隔 6 句的情况下，听障与健听学生在上述两个指标上差异很大，但在间隔 8 句的情况下，听障与健听学生在回视点个数与回视时间指标上差异不显著。这说明矛盾信息的间隔距离大时（间隔 8 句），健听学生与听障学生在以回视为指标的监控能力上都不强，而当矛盾信息的间隔距离小时（间隔 2 句、间隔 4 句和间隔 6 句），健听学生表现出较强的监控能力，而听障学生表现出较低的监控能力。同时，在矛盾信息的 4 种间隔情况下，对听障学生而言，回视点个数和回视时间差异均不显著，这也说明无论在哪一种矛盾信息的间隔情况下，听障学生的阅读监控水平都很低。

（四）两种理解监控方法的差异比较

本研究使用了两种方法来检测阅读监控水平：一种是基于自信心评价的理解监控指标；另一种是以回视为指标的眼动检测方法。研究发现，这两种方法的研究结果既有相同点，又有

---

① 孙彬彬：《聋生语篇阅读过程中的连接推理研究》，硕士学位论文，华东师范大学，2009，第 56 页。

差异。两种方法均表明，无论健听学生还是听障学生都有一定的阅读监控能力，且健听学生监控水平高于听障学生。但以基于自信心评价为指标的阅读监控能力上，矛盾信息的间隔距离的大小对健听学生的影响要大于对听障学生的影响；而以眼动回视数据为指标评价监控能力，发现两类学生在矛盾信息的不同间隔水平上变化趋势一致。该结论用眼动的手段验证了前人关于这两种监控方法差异的解释。衡量阅读能力高低的一个主要指标就是单位时间内获取信息数量的多少。在眼动常规指标上，健听学生注视点个数和阅读时间均少于听障学生，而阅读速度、阅读效率则高于听障学生，这一结论与前人研究一致。健听学生在单位时间内处理信息数量多，加工信息效率高；听障学生在单位时间内处理信息数量少，加工信息效率低。

使用自信心评价的理解监控结果表明，健听学生对于矛盾信息的觉察间隔距离在间隔4句与间隔6句之间，听障学生对于矛盾信息的觉察间隔距离在间隔2句与间隔4句之间。使用回视指标的眼动检测方法表明，听障学生在4种矛盾信息的间隔情况下，监控水平都不高，而健听学生只有在矛盾信息间隔8句的情况下，才显示出较低的监控水平，而在其他三种矛盾信息的间隔情况下，均显示出较高的监控水平。这说明矛盾信息的存在对健听学生的影响远大于对听障学生的影响。这可能是由于听障学生缺乏必要的阅读监控能力，从而导致对于错误觉察的能力差，对矛盾信息敏感性较低。

这两种测量理解监控的方法都有其自身的优缺点。以回视为指标的眼动检测方法设计非常巧妙，与理解监控的过程十分相似，但往往针对的是文章的细节，体现的是对文章局部内容的实时监控水平,更多反映的是监控水平的生理指标。基于自信心评价的理解监控方法是一种常用的元认知测量方法。该方法的前提假设是个体对理解的自信程度与实际的理解水平之间的吻合程度,越吻合则监控水平越高。由于要求评价的是针对全文的理解程度,因此体现的是对文章整体的延时监控水平,相对于回视的眼动指标,其更多反映的是监控能力的心理指标。由此可见,要完整地研究阅读监控,最好将这两种监控方法结合起来。

五 结论

(1)在矛盾信息处于不同间隔距离下的四类阅读材料中,听障学生的阅读理解整体能力低于健听学生。

(2)听障学生在基于自信心评价的理解监控水平上,体现出矛盾信息处于不同间隔距离下的阅读材料上的差异。在矛盾信息处于间隔2句的阅读材料上,基于自信心评价的理解监控能力要明显低于其他三种间隔距离下的监控能力。

(3)听障学生在阅读监控眼动指标上与健听学生有显著差异,主要表现在回视次数、回视时间和回视点个数上,在矛盾信息处于不同间隔距离的阅读材料下均低于健听学生。且对于听障学生而言,上述指标在这四种条件下差异不大,说明听障学生阅读监控能力低。

第七章 听障大学生在矛盾信息处于不同组织结构条件下阅读理解监控的眼动研究

由实验 1、2、3，我们得知，听障学生在阅读过程中表现出不同的眼动特征。相对而言，他们注视次数多、注视时间长，由此可见听障学生在单位时间内处理信息数量少，信息加工效率低。根据实验 2 对觉察不一致信息的人数比对，发现听障学生也具有一定的监控能力。在以回视为监控指标的测查上发现，听障学生回视次数、回视时间和回视点个数上明显低于健听学生，且这 3 项理解监控测量指标的数据结果走势趋于一致。在对基于自信心评价的监控指标上的探查也发现听障学生明显低于健听学生。这都说明听障学生的阅读理解监控能力低于健听学生。

一般情况下，阅读孤立的句子的情况是很少见的，句子一般都是在篇章中出现的。而篇章一般都是由一定的形式组成的，组成的形式就是篇章的结构。篇章的结构是一种重要的维度，根据这种维度，可以评价所要研究的篇章的相似性和不同性；篇章结构的分析有助于研究者弄清楚读者从阅读中记住的

第七章 听障大学生在矛盾信息处于不同组织结构条件下阅读理解监控的眼动研究

信息的数量和类型。[①]

由于篇章结构的重要性,不同学科纷纷对篇章结构展开研究。现代修辞学强调结构的重要性。Flower 和 Hayes 鼓励作者把他们的思想组织为清楚的树状结构。这种树状结构仅仅包括文章内容的骨架而并不表明这些内容之间的关系。民俗学亦对篇章结构做了研究,Propp 在《民间传说的形态学》中指出,对于民间传说的分析,已经从内容转向于对故事结构的抽象的研究。语言学家也试图按照一定的方式去研究篇章,他们对篇章中传达的某些概念进行分类。有人曾提出了关于篇章的理论,他们提出在篇章中有三种不同的关系:第一种是篇章内容的组织;第二种是对接受者呈现新的信息的关系;第三种是从作者的观点来看,什么样的信息将被联系起来。在学校教育中,学生是通过听讲和篇章阅读来获取知识的,因此教育学家对此兴趣浓厚。有教育学家指出篇章结构在教育教学过程中的重要性。20 世纪 70 年代开始,心理学家亦开展对于篇章结构的研究。这些心理学家的研究共性是把被试的回忆与篇章结构进行了联系。

西方关于篇章分析系统主要有三种。

(1) Meyer 分析系统。分析的最小单元是思想的单元,这种单元包括在篇章中列举出来的、有实际内容的单元以及从篇章中推论出来的关系词。通过这种分析产生篇章的单一的、有层次的组织起来的表征,该表征被称为内容结构。

[①] 张必隐:《阅读心理学》(修订版),北京师范大学出版社,2004,第 151~168 页。

(2) Kintsch 分析系统。分析的最小单位是命题，篇章的层次是基于命题中的论断的重复而形成的。对于篇章结构上层水平的分析，运用了一种从上到下的而不是从下到上的方法。

(3) Frederiksen 分析系统。可以应用于各种类型的说明文。分析的最小单位是概念，它可能是一个词，也可能是一个词组，它决定于篇章的特点和在篇章中存在着何种关系。分析的结果并不产生一种有层次的结构，而是产生一种结构的图解，这种结构的图解更具有网络的性质。

借鉴中国学者的研究，我们认为在一般情况下，在一篇完整的文字材料中，包含的主要观点和具体内容之间往往按照一定的关系联系起来。阅读时，首先将这些观点和内容以关键词或者词组形式概括为一些项目；再对项目加以分析、比较和归类；确定每类下面所包含的项目数目，以及各类之间的相互关系；然后将各类与所属项目按已确定的关系联系起来，形成一个有序的结构。[①] 不同的阅读材料类型决定了类与类之间的不同关系，类间的不同关系又决定了材料的组织形式。一般而言，任何材料都可归为三种基本的组织结构：直线型结构、坐标型结构与网状型结构。大量研究证明，对阅读材料进行有效的组织划分，是对信息进行有效编码的重要方式，能提高对材料的理解与记忆，从而提高阅读理解的效果。[②]

实验1考察的是矛盾信息的存在与否对于听障学生阅读监

[①] 杜晓新、宋永宁、黄昭鸣：《组织结构图标记对文本整体信息理解与保持的影响》，《心理科学》2006年第5期。

[②] 杜晓新：《学习困难儿童学习策略训练模式的构建与实践》，博士学位论文，华东师范大学，2005，第157页。

第七章 听障大学生在矛盾信息处于不同组织结构条件下阅读理解监控的眼动研究

控的影响，实验2、3分别考察的是矛盾信息的空间位置对听障学生阅读监控的影响。实验4将继续考察矛盾信息的空间位置对于听障学生阅读监控的影响，目前还未见有关听障学生在不同组织结构下的阅读监控的研究。因此本研究通过设计矛盾信息在三种基本组织结构下的阅读材料，来探查听障学生阅读监控的情况。

一 实验目的

本实验通过矛盾信息在三种基本组织结构下的设计，考察听障学生在这三种条件下的阅读理解情况，进一步揭示听障学生阅读监控的特点及其眼动特征，主要考察以下方面。

（1）探讨听障与健听学生在矛盾信息处于三种基本组织结构条件下，阅读理解成绩、阅读速度、阅读效率的差异；

（2）探讨听障与健听学生在矛盾信息处于三种基本组织结构条件下，基于自信心评价的理解监控水平是否存在差异；

（3）探讨听障与健听学生在矛盾信息处于三种基本组织结构条件下，阅读理解监控的眼动指标是否存在差异。

二 实验方法

（一）被试选择

听障被试选取标准：（1）好耳听力损伤程度在90分贝以上；（2）均为语前聋；（3）除听觉障碍外，没有其他障碍；

(4) 没有在普通学校读过书；(5) 智力正常；(6) 大学一、二年级的学生。听力正常被试选取标准：(1) 智力正常；(2) 无视觉听觉障碍；(3) 普通大学一、二年级学生。从上海市徐汇区业余大学和南京特殊教育职业技术学院选取 40 名语言发展前全聋的听障大学生作为实验组，随机抽取 37 名无视听障碍的正常大学生作为对照组参加了本次实验。听障男生 24 人，女生 16 人；健听男生 21 人，女生 16 人。实验过程中，由于被试头部移动、睫毛过长、眼睛疲劳等原因，导致眼动仪有时无法记录到眼动数据，用 SPSS16.0 软件对眼动数据进行统计分析前，先将不合格被试剔除。最终，获得有效听障被试 29 人，其中男生 17 人，女生 12 人，平均年龄 21.32 岁（SD = 2.53）；健听被试 31 人，其中男生 18 人，女生 13 人，平均年龄 20.79 岁（SD = 1.29）。

(二) 实验设计

用 3（阅读材料类型：矛盾信息发生在直线型组织结构条件下、矛盾信息发生在坐标型组织结构条件下、矛盾信息发生在网状型组织结构条件下）×2（被试类型：听障、健听）两因素混合实验设计。其中阅读材料类型是被试内因素，被试类型是被试间因素。自变量为阅读材料类型和被试类型，因变量为阅读理解成绩、阅读速度、阅读效率、自信心水平及各项眼动指标（如注视点个数、回视次数、回视时间等）。

(三) 实验材料和仪器

为消除个人经验和字词识别量等无关变量的影响，本实验材料主题均为被试熟悉片段，材料尽量用简单、易懂的字词编写。实验材料共3篇，每篇材料约300字。每篇材料都包含不一致的矛盾信息：信息不一致发生在直线型组织结构的，称为直线型矛盾；信息不一致发生坐标型组织结构的，称为坐标型矛盾；信息不一致发生网状型组织结构的，称为网状型矛盾。所有实验材料随机呈现给被试。

本研究考察被试在矛盾信息出现在不同组织结构情况下的阅读监控情况。关于兴趣区的划分是将每篇阅读材料中产生矛盾的两处地方划为兴趣区。前面的信息区定义为兴趣区1，后面产生矛盾的信息区定义为兴趣区2。

本研究使用了Tobii X120眼动仪及Tobii Studio来采集、分析眼动数据。Tobii Studio为用户提供了较为全面的数据分析软件。实验过程中采用双眼追踪，采样频率设置为60Hz，采样精度为0.50。

（四）实验程序

材料选择及制作完毕后，请听障班的老师对阅读材料的适用性做了评定，证实该材料难度及题目难度均适合所选被试的阅读水平；请2名听障大学生（非本实验被试）进行了预实验，两位学生均表示短文中没有生字生词，难度适中。

阅读材料确定后，将每篇材料分别制作成JPEG格式文件，然后导入眼动仪，呈现在分辨率为1024×768的14英寸显示器上。所有阅读材料选用32号宋体字，字间距为1磅，行间距为22磅。阅读理解测试题目以问卷形式呈现。要求被试通过鼠标点击选择正确答案。

实验在言语听觉康复科学教育部重点实验室眼动实验室进行。该实验室具有隔音、隔光等功能。可使被试在安静、舒适的环境中进行实验。主试2名，1名负责操作眼动仪，另1名能够熟练使用手语与听障学生进行沟通。实验过程中采取5点定标个别施测方法。

本实验的指导语为书面呈现："同学，你好。请你仔细阅读短文并回答后面的问题。选好答案后，请对自己答对该题做一个自信心判断。A. 一定答对了；B. 可能答对了；C. 不清楚；D. 可能答错了；E. 一定答错了。"

（五）测试指标

实验结束后，对实验结果的分析采用了三类指标。第一类为阅读理解指标，包括阅读理解成绩、阅读速度和阅读效率。第二类为基于自信心评价的监控指标。第三类为眼动指标，又分为常规眼动指标和以回视为指标的监控眼动指标。常规眼动指标包括注视点个数和阅读时间；监控眼动指标包括回视次数、回视点个数及回视时间。

1. 阅读理解成绩

每篇短文后面有4道选择题，答对1题记5分，答错记0分，满分20分。

2. 阅读速度

阅读速度是指单位时间内阅读的字数，单位为字/分钟。阅读速度过快会影响阅读理解的准确性；阅读速度过慢则阅读效率过低。因此，阅读速度的快慢在一定程度上反映了被试阅读能力的高低。

3. 阅读效率

阅读效率是指单位时间内的阅读理解率。单纯的阅读理解成绩或者阅读速度，不能全面反映被试的阅读效果，因而必须将两者结合起来进行综合考察。本研究考虑了阅读效率，计算公式为：阅读效率 = 阅读速度 × 阅读理解率。其中，"阅读理解率"指的是被试在阅读理解测验中答对的问题数和问题总数之比。

4. 基于自信心评价的监控指标

每答一题后，要求被试对自己的回答结果进行自我评估。信心分为五个等级：5 分表示一定答对了；4 分表示可能答对了；3 分表示不清楚；2 分表示可能答错了；1 分表示一定答错了。然后将被试实际理解成绩与相应信心分按公式 $|D| = \sqrt{\sum_{i=1}^{4}(X_i - Y_i)^2}$ 进行一致性检验。所得 $|D|$ 值，便为该被试监控水平分数。$|D|$ 值越小，说明被试的理解水平与自身的估计越趋向一致，则阅读监控水平越高；反之，则越低。

5. 注视点个数

人们在阅读时所发生的眼球的连续运动称为眼跳，两次眼跳之间眼球的相对静止状态称为注视，一次注视也称为一个注视点。注视点个数是指注视点的数量，注视点个数可以从 Tobii Studio 分析软件中直接获得，其单位为个。

6. 阅读时间

从阅读开始到阅读结束所用的时间总和。阅读时间可以从 Tobii Studio 分析软件中直接获得，其单位为秒。

7. 以回视为指标的阅读监控眼动指标

回视是指被试在阅读过程中，注视点从后向前跳过多个字之后,对未理解或者产生疑问的内容进行注视,然后再回到先前阅读的内容。本研究中回视包含两种情况:一为被试的注视点从兴趣区2跳回到兴趣区1;二为在兴趣区2内的回视情况。回视考察指标有:回视次数、回视点个数及回视时间。

回视次数:(1)指从兴趣区2跳回到兴趣区1的次数;(2)在兴趣区2再次注视的次数。本实验回视次数特指两者之和。

回视点个数:(1)指从兴趣区2跳回到兴趣区1,在兴趣区1内的再次注视的注视点个数之和;(2)对兴趣区2再次注视的注视点个数之和。本实验回视点个数特指两者之和。

回视时间:(1)指从兴趣区2跳回到兴趣区1,在兴趣区1内的再次注视的注视时间之和;(2)对兴趣区2再次注视的注视时间之和。本实验回视时间特指两者之和。

三 结果分析

(一)听障学生与健听学生阅读理解指标的比较

1. 阅读理解成绩

表7-1 听障与健听学生在三类阅读材料上的阅读理解成绩

	直线型矛盾	坐标型矛盾	网状型矛盾
健听	16.29 ± 3.64	17.90 ± 2.51	18.71 ± 2.22
听障	12.24 ± 5.44	10.86 ± 4.02	10.52 ± 3.86

方差分析表明:实验材料的主效应不显著,$F = 0.13$,$P > 0.05$;被试类型主效应极其显著,$F = 138.47$,$P < 0.01$;

第七章 听障大学生在矛盾信息处于不同组织结构条件下阅读理解监控的眼动研究

交互作用显著，F = 4.80，P < 0.05。进一步简单效应检验表明：①对于健听学生而言，阅读理解成绩在直线型和坐标型材料上的差异不显著，P > 0.05；阅读理解成绩在坐标型和网状型材料上的差异也不显著，P > 0.05；而阅读理解成绩在直线型和网状型材料上的差异显著，P < 0.05。而对于听障学生而言，在这三类材料上的差异均不大，P > 0.05。②在三种类型的材料下，听障与健听学生的阅读理解成绩均有显著差异，P < 0.01。

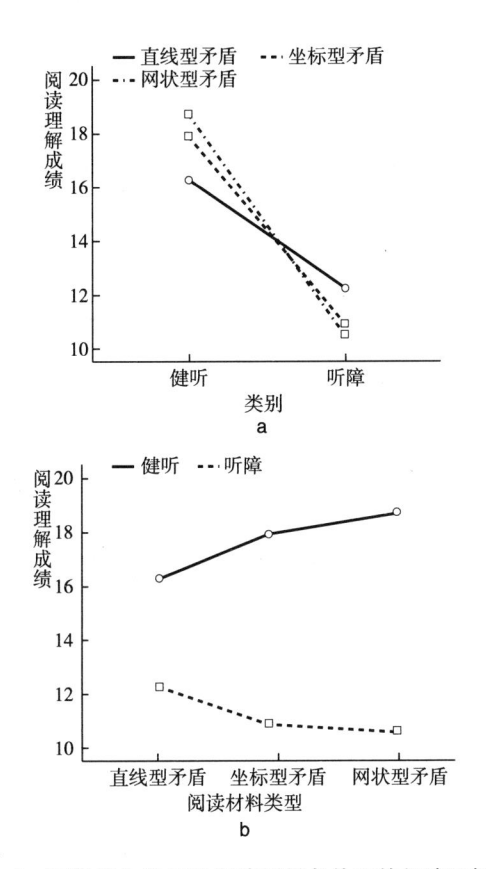

图 7 - 1　两类学生在三种阅读材料条件下的阅读理解成绩

2. 阅读速度的比较

表7-2 听障与健听学生在三类阅读材料上的阅读速度

单位：字/分钟

	直线型矛盾	坐标型矛盾	网状型矛盾
健听	345.14 ± 159.81	360.54 ± 177.87	329.42 ± 165.81
听障	255.83 ± 76.27	255.29 ± 77.42	264.24 ± 67.57

以阅读速度为因变量进行方差分析，结果表明：实验材料的主效应不显著，$F=0.50$，$P>0.05$；被试类型主效应极其显著，$F=7.65$，$P<0.01$；交互作用不显著，$F=1.60$，$P>0.05$。

3. 阅读效率的比较

表7-3 听障与健听学生在三类阅读材料上的阅读效率

	直线型矛盾	坐标型矛盾	网状型矛盾
健听	278.65 ± 132.05	315.37 ± 133.74	302.38 ± 134.10
听障	161.38 ± 93.48	145.57 ± 81.25	137.48 ± 58.22

以阅读效率为因变量进行方差分析，结果表明：实验材料的主效应不显著，$F=0.39$，$P>0.05$；被试类型主效应极其显著，$F=40.25$，$P<0.01$；交互作用不显著，$F=2.24$，$P>0.05$。

（二）基于自信心评价的监控指标的比较

表7-4 听障与健听学生在三类阅读材料上基于自信心评价的监控指标

	直线型矛盾	坐标型矛盾	网状型矛盾
健听	3.22 ± 2.21	2.48 ± 1.86	1.38 ± 1.68
听障	5.25 ± 2.30	5.95 ± 1.37	5.89 ± 1.56

对听障学生与健听学生在这三类材料上基于自信心评价的监控指标进行方差分析表明：实验材料的主效应不显著，$F=$

第七章 听障大学生在矛盾信息处于不同组织结构条件下阅读理解监控的眼动研究

2.34，P>0.05；被试类型主效应极其显著，F=110.80，P<0.01；交互作用极其显著，F=7.85，P<0.01。进一步的简单效应检验表明：①对于健听学生而言，基于自信心指数的阅读监控能力在直线型材料与坐标型材料之间差异不显著，P>0.05；在直线型与网状型之间的差异极其显著，P<0.01；在

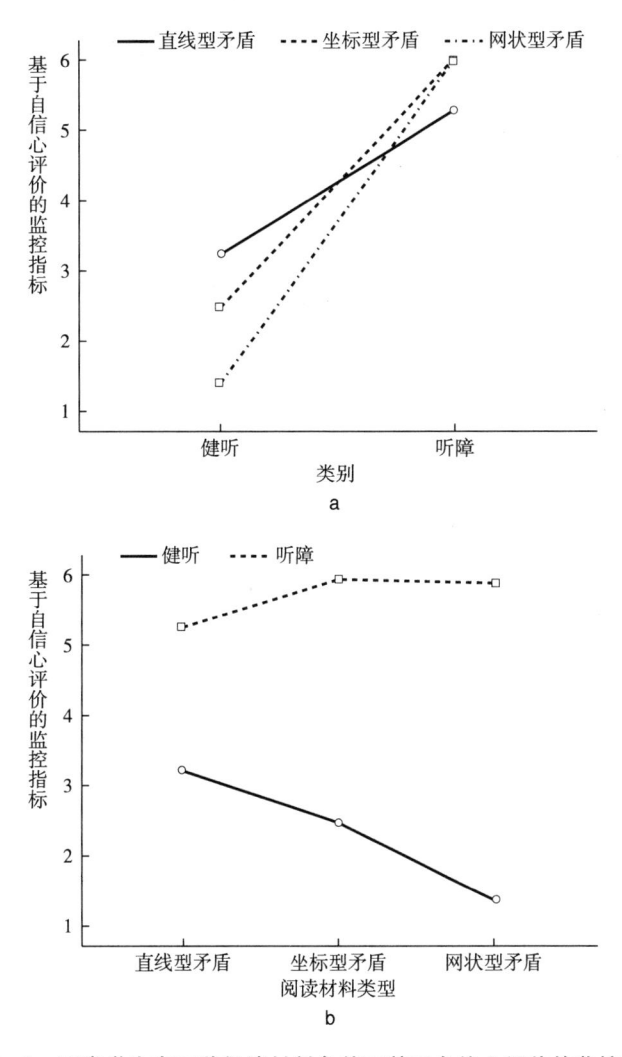

图7-2 两类学生在三种阅读材料条件下基于自信心评价的监控指标

坐标型与网状型材料之间差异显著，P<0.05；对于听障学生而言，基于自信心指数的阅读监控能力在这三类材料上的差异均不显著，P>0.05。②在这三类矛盾信息存在的不同组织结构下，听障与健听学生的基于自信心评价的监控指标均有极其显著的差异，P<0.01。

（三）听障学生与健听学生眼动指标的比较

1. 注视点个数的比较

表7-5　听障与健听学生在三类阅读材料上的注视点个数

单位：个

	直线型矛盾	坐标型矛盾	网状型矛盾
健听	186.35±49.79	197.03±55.72	203.48±60.18
听障	208.83±60.51	213.79±61.10	203.14±62.79

以注视点个数为因变量进行方差分析，结果表明：实验材料的主效应不显著，F=0.73，P>0.05；被试类型主效应不显著，F=1.00，P>0.05；交互作用不显著，F=1.56，P>0.05。

2. 阅读时间的比较

表7-6　听障与健听学生在三类阅读材料上的阅读时间

单位：秒

	直线型矛盾	坐标型矛盾	网状型矛盾
健听	57.77±16.94	59.04±18.80	61.16±20.06
听障	74.63±21.88	78.10±20.38	70.80±20.46

以阅读时间为因变量进行方差分析，结果表明：实验材料的主效应不显著，F=0.741，P>0.05；被试类型主效应极其显著，F=12.36，P<0.01；交互作用不显著，F=2.18，P>0.05。

第七章 听障大学生在矛盾信息处于不同组织结构条件下阅读理解监控的眼动研究

3. 回视次数比较

表7-7 听障与健听学生在三类阅读材料上的回视次数

单位：次

	直线型矛盾	坐标型矛盾	网状型矛盾
健听	0.90 ± 0.75	1.19 ± 0.75	1.55 ± 1.43
听障	0.24 ± 0.58	0.41 ± 0.57	0.28 ± 0.70

以回视次数为因变量进行方差分析，结果表明：实验材料的主效应不显著，F = 2.59，P > 0.05；被试类型主效应显著，F = 46.07，P < 0.01；交互作用不显著，F = 2.25，P > 0.05。

4. 回视点个数比较

表7-8 听障与健听学生在三类阅读材料上的回视点个数

单位：个

	直线型矛盾	坐标型矛盾	网状型矛盾
健听	5.84 ± 6.35	5.13 ± 5.18	5.71 ± 5.43
听障	1.34 ± 3.78	1.24 ± 1.90	0.97 ± 2.91

以回视点个数为因变量进行方差分析，结果表明：实验材料的主效应不显著，F = 0.12，P > 0.05；被试类型主效应极其显著，F = 42.88，P < 0.01；交互作用不显著，F = 0.14，P > 0.05。

5. 回视时间比较

表7-9 听障与健听学生在三类阅读材料上的回视时间

单位：秒

	直线型矛盾	坐标型矛盾	网状型矛盾
健听	1.35 ± 1.50	1.36 ± 1.20	1.62 ± 1.65
听障	0.24 ± 0.60	0.41 ± 0.65	0.22 ± 0.64

以回视点时间为因变量进行方差分析，结果表明：实验材料的主效应不显著，F = 0.20，P > 0.05；被试类型主效应极其显著，F = 41.51，P < 0.01；交互作用不显著，F = 0.61，P > 0.05。

四 讨论

（一）听障学生在不同组织结构下的阅读特点

一篇完整的文字材料，包含的主要观点和具体内容之间往往按照一定的关系联系起来。阅读的过程，就是对主要观点和内容以关键词或者词组形式概括、分析、比较和归类，再按已确定的关系联系起来，形成一个有序的结构。阅读中的这一过程被称为"组织"，而组织的具体方式被称为"组织策略"①。本研究通过对三种基本的组织结构即直线型结构、坐标型结构与网状型结构设计矛盾信息，希望探查在自然阅读过程中，听障学生组织过程中的监控情况。实验结果表明，在这三类组织结构情况下，听障学生的阅读整体效果都很差。具体体现在阅读理解成绩低、阅读速度慢、阅读效率低。

（二）听障学生在不同组织结构下阅读理解监控的特点

在基于自信心评价的监控指标上也表现出分值高、监控水平低的特点。在眼动指标上显示出阅读时间长、阅读注视点

---

① 宋永宁、杜晓新、黄昭鸣、贾彩贞：《组织策略及其对聋校语文阅读教学的启示》，《中国特殊教育》2007 年第 1 期。

第七章 听障大学生在矛盾信息处于不同组织结构条件下阅读理解监控的眼动研究

多,同样也说明单位时间内的加工效率低的特点。在以回视为指标的监控水平探查方面,通过对回视次数、回视点个数以及回视时间的考察均表明听障学生的阅读监控能力低于健听学生。数据分析同时也表明,虽然听障学生的监控能力低,但是还是有部分的听障学生在眼动数据上显示出监控行为的存在,这说明听障学生也具有一定的监控能力。这对开展听障学生阅读监控能力的干预训练提供了可能。大量研究证明,对阅读材料进行有效的组织划分,是对信息进行有效编码的重要方式,能提高对材料的理解与记忆,从而提高阅读理解的效果。国内已有学者分别对听障学生在不同组织结构的文章中进行了标记和组织策略训练进行了研究,[1] 证明对听障学生干预训练的有效性。亦可借鉴这些方法对听障学生的监控研究做进一步的探讨。

关于自信心评价指数的阅读监控指标,值得一提的是对于健听学生而言,在直线型材料与坐标型材料之间差异不显著,在直线型材料与网状型材料之间的差异极其显著,在坐标型材料与网状型材料之间差异显著。根据数值可以随之减少的趋势可以得出随着篇章结构的复杂程度越高,健听学生的基于自信心指数的阅读理解监控能力越高。这一结果可以用 Meyer 分析系统来解释,即对于较为复杂或者篇幅较长的篇章而言,篇章的组织模式与理解之间的关系极为密切。网状结构的篇章中的

---

[1] 宋永宁、杜晓新、黄昭鸣、贾彩贞:《组织策略及其对聋校语文阅读教学的启示》,《中国特殊教育》2007 年第 1 期;秦宁箴:《组织策略训练对 7 年级聋生阅读效果影响的实验研究》,硕士学位论文,华东师范大学,2008,第 38 页。

每一个网状知识点，都可为阅读理解提供信息，有助于对整个篇章阅读理解的激活。

五 结论

（1）在三类矛盾信息处于不同组织结构条件下，听障学生阅读理解的整体能力低于健听学生，主要表现在文章阅读理解成绩、阅读速度和阅读效率均显著低于健听学生。

（2）在三类矛盾信息处于不同组织结构条件下，听障学生的阅读监控能力低于健听学生，主要表现在基于自信心评价的理解监控指标和以回视为指标的眼动监控均低于健听学生。

（3）在三类矛盾信息处于不同组织结构条件下，听障学生阅读监控眼动指标上与健听学生有显著差异，主要表现在回视次数、回视时间和回视点个数上均明显低于健听学生。

第八章 听障大学生在告知与非告知条件下阅读理解监控的眼动研究

由前面的四个实验可知,听障学生在阅读过程中表现出不同的眼动特征。相对而言,他们注视次数多、注视时间长,可见听障学生在单位时间内处理信息数量少,信息加工效率低。[①]在以回视为监控指标的测查上发现,听障学生回视次数、回视时间和回视点个数上明显低于健听学生,以基于自信心分数为指标的阅读监控能力也说明听障学生的阅读理解监控能力低于健听学生。[②] 同时根据对觉察不一致信息的人数比对,发现听障学生也具有一定的监控能力。元认知是个体在学习过程中主动控制认知过程的高层次思维,它包括两类成分:一类是静态成分,分为知识和动机信念;另一类是动态成分,主要指元认知监测和控制。阅读理解监控就是元认知概念中的动态核心技能。对于学困生在某一具体认知环节中元认知的监测和控制特

---

① 刘晓明:《听障大学生阅读理解监控的眼动研究》,《中国特殊教育》2012 年第 1 期。
② 刘晓明:《听障与健听学生阅读监控的眼动研究》,《中国听力语言康复科学杂志》2012 年第 5 期。

点是当前元认知研究的热点。俞国良等人的研究结果表明，从元记忆判断等级差异来看，学习不良儿童在难度判断和知晓感判断上与对照组儿童无显著差异，但在学习判断上显著低于对照组儿童；从元记忆监测的准确性看，学习不良儿童元记忆监测水平与对照组儿童的差异主要表现为在个体发展较晚的前瞻式记忆监测上。[①] 赵晶等人则以即刻学习判断分数和学习分配时间为指标考察在不同难度的阅读材料条件下，学习困难学生理解监测和控制的特点。研究结果发现，学习困难学生对不同难度阅读材料的即刻学习判断分数显著低于学习优秀学生，学习困难学生用于高难度阅读材料的时间显著少于学习优秀学生。[②] 杜晓新根据加涅的精制策略训练模式，编写了以元认知理论为基础的阅读理解思维训练教材对学生进行阅读理解能力及相应元认知能力的训练。结果显示，通过对学习困难学生的元认知技能的训练，可以提高他们的监控水平，从而提高阅读理解成绩。[③] 但目前还未出现对听障学生元认知监控能力训练的相关研究。

一　实验目的

根据对矛盾信息的提示，在阅读材料的指导语中设计告知与非告知两个版本，探查听障学生的阅读理解监控的特点。

[①] 俞国良、张雅明：《学习不良儿童元记忆监测特点的研究》，《心理发展与教育》2006 年第 3 期。
[②] 赵晶、李荔波、李健健：《学习困难学生理解监测和控制的特点》，《中国特殊教育》2007 年第 10 期。
[③] 杜晓新：《学习困难儿童学习策略训练模式的构建与实践》，博士学位论文，华东师范大学，2005，第 57 页。

第八章 听障大学生在告知与非告知条件下阅读理解监控的眼动研究

(1) 探讨听障与健听学生在告知与非告知条件下,阅读理解成绩、阅读速度、阅读效率的差异;

(2) 探讨听障与健听学生在告知与非告知条件下,基于自信心评价的理解监控指标是否存在差异;

(3) 探讨听障与健听学生在告知与非告知条件下,阅读理解监控的眼动指标是否存在差异;

二 实验方法

(一) 被试选择

听障被试选取标准:(1) 好耳听力损伤程度在90分贝以上;(2) 均未语前聋;(3) 除听觉障碍外,没有其他障碍;(4) 没有在普通学校读过书;(5) 智力正常;(6) 大学一、二年级的学生。听力正常被试选取标准:(1) 智力正常;(2) 无视觉听觉障碍;(3) 普通大学一、二年级学生。从上海市徐汇区业余大学和南京特殊教育职业技术学院选取40名语言发展前全聋的听障大学生作为实验组,随机抽取37名无视听障碍的正常大学生作为对照组参加了本次实验。听障男生24人,女生16人;健听男生21人,女生16人。实验过程中,由于被试头部移动、睫毛过长、眼睛疲劳等原因,导致眼动仪有时无法记录到眼动数据,用SPSS16.0软件眼动数据进行统计分析前,先将不合格被试剔除。最终获得有效听障被试23名,其中男生11人,女生12人,平均年龄21.58岁(SD = 2.15);健听被试25名,其中男生13人,女生12人,平均年龄 21.03 岁（SD = 1.05）。

（二）实验设计

用 2（实验材料：告知、非告知）×2（被试类型：听障、健听）两因素混合实验设计。其中实验材料是被试内因素，被试类型是被试间因素。自变量为实验材料和被试类型，因变量为阅读理解成绩、阅读速度、阅读效率、自信心水平及各项眼动指标（如注视点个数、回视次数、回视时间等）。

（三）实验材料和仪器

为消除个人经验和字词识别量等无关变量的影响，本实验材料主题均为被试熟悉片段，材料尽量用简单、易懂的字词编写。实验材料共 2 篇，每篇材料约 145 字，共 11 个句子，由 3 句开头介绍、3 句描写主人公特征、1 句与主人公特征无关的主题转换句、1 句目标句、3 句结尾句组成。将目标句改写为"前面主人公特征不可能发生的行为"，使得每篇材料均含有矛盾信息。所有实验材料均随机呈现给被试。

本实验的指导语为书面呈现。其中告知组的指导语为："同学，你好。这里有一篇短文，其中存在一定的错误信息，或者说不通顺的地方，请你仔细阅读。读完后，请回答后面的问题。选好答案后，请对自己答对该题做一个自信心判断。A. 一定答对了；B. 可能答对了；C. 不清楚；D. 可能答错了；E. 一定答错了。"

非告知组的指导语为："同学，你好。这里有一篇短文，请你仔细阅读。读完后，请回答后面的问题。选好答

第八章　听障大学生在告知与非告知条件下阅读理解监控的眼动研究

案后,请对自己答对该题做一个自信心判断。A. 一定答对了;B. 可能答对了;C. 不清楚;D. 可能答错了;E. 一定答错了。"

本研究为了考察被试在告知与非告知情况下,阅读文章时的监控情况。将每篇阅读材料的第 8 句作为兴趣区 1,由于每篇短文都含有矛盾信息,即第 8 句出现与主人公特征不相符的行为;将描写主人公特征的 3 个句子作为兴趣区 2。

表 8-1　兴趣区划分举例

3 句描写主人公特征的句子:李明是个新手,刚开始学习轮滑。/技术不好,只能扶着栏杆慢走。/还不能让脚下的轮子听从指挥。	兴趣区 2
目标句:李明飞速地滑了过去救起了孩子。	兴趣区 1

本研究使用了 Tobii X120 眼动仪及 Tobii Studio 来采集、分析眼动数据。Tobii Studio 为用户提供了较为全面的数据分析软件。实验过程中采用双眼追踪,采样频率设置为 60Hz,采样精度为 0.50。

(四) 实验程序

材料选择及制作完毕后,请听障班的老师对阅读材料的适用性做了评定,证实该材料难度及题目难度均适合所选被试的阅读水平;请 2 名听障大学生(非本实验被试)进行了预实验,两位学生均表示短文中没有生字生词,难度适中。

阅读材料确定后,将每篇材料分别制作成 JPEG 格式文件,然后导入眼动仪,呈现在分辨率为 1024×768 的 14 英寸显示

· 147 ·

器上。所有阅读材料选用 32 号宋体字，字间距为 1 磅，行间距为 22 磅。阅读理解测试题目以问卷形式呈现。要求被试通过鼠标点击选择正确答案。

实验在言语听觉康复科学教育部重点实验室眼动实验室进行。该实验室具有隔音、隔光等功能。可使被试在安静、舒适的环境中进行实验。主试 2 名，1 名负责操作眼动仪，另 1 名能够熟练使用手语与听障学生进行沟通。实验过程中采取 5 点定标个别施测方法。

（五）测试指标

实验结束后，对实验结果的分析采用了三类指标。一类为阅读理解指标，包括阅读理解成绩、阅读速度和阅读效率。第二类为基于自信心评价的监控指标。第三类为眼动指标，又分为常规眼动指标和以回视为指标的监控眼动指标。常规眼动指标包括注视点个数和阅读时间；监控眼动指标包括回视次数、回视点个数及回视时间。

1. 阅读理解成绩

每篇短文后面有 4 道选择题，答对 1 题记 5 分，答错记 0 分，满分 20 分。

2. 阅读速度

阅读速度是指单位时间内阅读的字数，单位为字/分钟。阅读速度过快会影响阅读理解的准确性；阅读速度过慢则阅读效率过低。因此，阅读速度的快慢在一定程度上反映了被试阅读能力的高低。

第八章 听障大学生在告知与非告知条件下阅读理解监控的眼动研究 ✻

3. 阅读效率

阅读效率是指单位时间内的阅读理解率。单纯的阅读理解成绩或者阅读速度，不能全面反映被试的阅读效果，因而必须将两者结合起来进行综合考察。本研究考虑了阅读效率，计算公式为：阅读效率＝阅读速度×阅读理解率。其中，"阅读理解率"指的是被试在阅读理解测验中答对的问题数和问题总数之比。

4. 基于自信心评价的监控指标

每答一题后，要求被试对自己的回答结果进行自我评估。信心分为五个等级：5 分表示一定答对了；4 分表示可能答对了；3 分表示不清楚；2 分表示可能答错了；1 分表示一定答错了。然后将被试实际理解成绩与相应信心分按公式 $|D|=\sqrt{\sum_{i=1}^{4}(X_i-Y_i)^2}$ 进行一致性检验。所得 $|D|$ 值便为该被试监控水平分数。$|D|$ 值越小，说明被试的理解水平与自身的估计越趋向一致，则阅读监控水平越高；反之，则越低。

5. 注视点个数

人们在阅读时所发生的眼球的连续运动称为眼跳，两次眼跳之间眼球的相对静止状态称为注视，一次注视也称为一个注视点。注视点个数是指注视点的数量，注视点个数可以从 Tobii Studio 分析软件中直接获得，其单位为个。

6. 阅读时间

从阅读开始到阅读结束所用的时间总和。阅读时间可以从 Tobii Studio 分析软件中直接获得，其单位为秒。

7. 以回视为指标的阅读监控眼动指标

回视是指被试在阅读过程中,注视点从后向前跳过多个字之后,对未理解或者产生疑问的内容进行注视,然后再回到先前正阅读的内容。本研究中回视特指被试的注视点从兴趣区1跳回到兴趣区2。回视考察指标有:回视次数、回视点个数及回视时间。

回视次数,指从兴趣区1跳回到兴趣区2的次数,单位为次。

回视点个数,指从兴趣区1跳回到兴趣区2,在兴趣区2内的注视点个数之和,单位为个。

回视时间,指从兴趣区1跳回到兴趣区2,在兴趣区2内的注视点持续时间之和,单位为秒。

三 结果分析

(一) 听障学生与健听学生阅读理解指标的比较

1. 阅读理解成绩

表8-2 听障与健听学生在两种阅读条件下的阅读理解成绩

	告知	非告知
健听	18.00 ± 2.89	13.20 ± 3.19
听障	14.78 ± 5.33	11.52 ± 4.11

方差分析表明:实验材料的主效应极其显著,$F = 35.65$,$P < 0.01$;被试类型主效应显著,$F = 7.04$,$P < 0.05$;交互作用不显著,$F = 1.30$,$P > 0.05$。

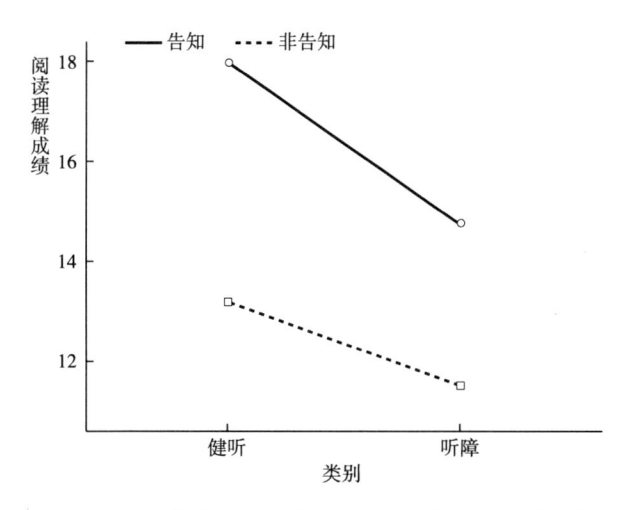

第八章 听障大学生在告知与非告知条件下阅读理解监控的眼动研究

图 8-1 两类学生在两种阅读条件下的阅读理解成绩

2. 阅读速度的比较

表 8-3 听障与健听学生在两种阅读条件下的阅读速度

单位：字/分钟

	告知	非告知
健听	381.52 ± 143.76	425.20 ± 141.21
听障	258.63 ± 89.09	287.74 ± 74.82

以阅读速度为因变量进行方差分析，结果表明：实验材料的主效应显著，F = 6.96，P < 0.05；被试类型主效应极其显著，F = 17.57，P < 0.01；交互作用不显著，F = 0.28，P > 0.05。

3. 阅读效率的比较

表 8-4 听障与健听学生在两种阅读条件下的阅读效率

	告知	非告知
健听	340.02 ± 132.94	267.91 ± 75.57
听障	192.99 ± 104.28	162.16 ± 62.94

以阅读效率为因变量进行方差分析，结果表明：实验材料

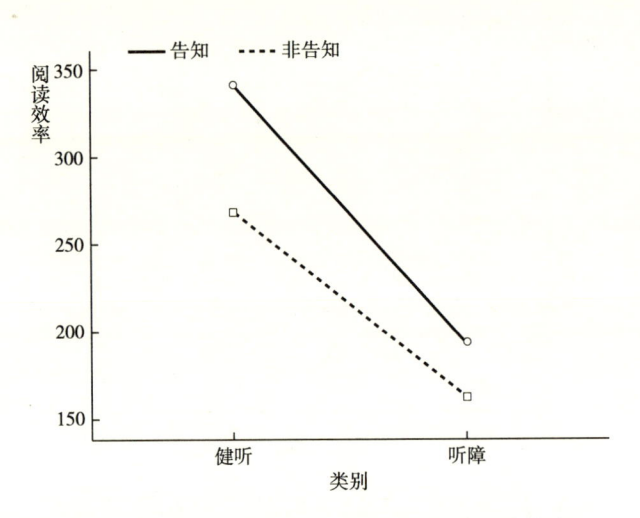

图 8-2 两类学生在两种阅读条件下的阅读效率

的主效应极其显著，F = 8.5，P < 0.01；被试类型主效应极其显著，F = 32.35，P < 0.01；交互作用不显著，F = 1.37，P > 0.05。

（二）基于自信心评价的监控指标的比较

表 8-5 听障与健听学生在两类阅读材料上基于自信心评价的监控指标

	告知	非告知
健听	2.19 ± 2.05	5.20 ± 1.50
听障	3.64 ± 2.74	5.78 ± 2.06

由表 8-5 数据可知，无论健听还是听障学生，在非告知的情况下，基于自信心评价的阅读监控指标数值均较高，显示他们的阅读监控水平均较低。方差分析表明：实验材料的主效应极其显著，F = 50.71，P < 0.01；被试类型主效应显著，F = 4.18，P < 0.05；交互作用不显著，F = 1.43，P > 0.05。

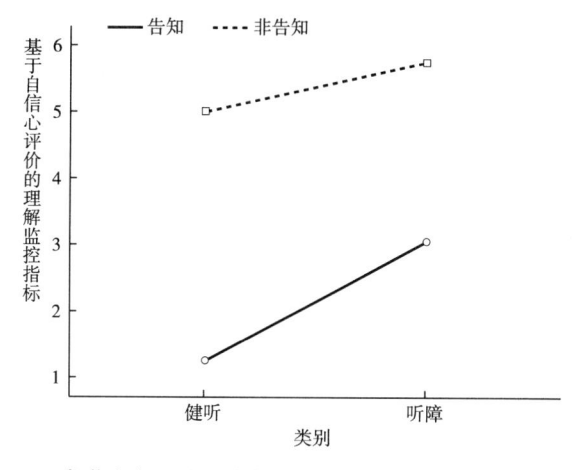

第八章 听障大学生在告知与非告知条件下阅读理解监控的眼动研究 ❋

图 8-3 两类学生在两种阅读条件下基于自信心评价的理解监控指标

(三) 听障学生与健听学生眼动指标的比较

1. 注视点个数的比较

表 8-6 听障与健听学生在两类阅读材料上的注视点个数

单位：个

	告知	非告知
健听	84.32 ± 24.15	78.88 ± 18.12
听障	102.83 ± 23.62	106.35 ± 32.44

以注视点个数为因变量进行方差分析，结果表明：实验材料的主效应不显著，$F = 0.06$，$P > 0.05$；被试类型主效应极其显著，$F = 14.57$，$P < 0.01$；交互作用不显著，$F = 1.28$，$P > 0.05$。

2. 阅读时间的比较

表 8-7 听障与健听学生在两类阅读材料上的阅读时间

单位：秒

	告知	非告知
健听	26.21 ± 10.73	22.85 ± 8.67
听障	36.98 ± 11.46	32.83 ± 12.19

以阅读时间为因变量进行方差分析,结果表明:实验材料的主效应显著,F = 6.82,P < 0.05;被试类型主效应极其显著,F = 14.05,P < 0.01;交互作用不显著,F = 0.08,P > 0.05。

3. 回视次数比较

表 8 - 8　听障与健听学生在两类阅读材料上的回视次数

单位:次

	告知	非告知
健听	0.84 ± 0.80	0.52 ± 0.65
听障	0.43 ± 0.66	0.22 ± 0.42

以回视次数为因变量进行方差分析,结果表明:实验材料的主效应显著,F = 5.08,P < 0.05;被试类型主效应显著,F = 5.88,P < 0.05;交互作用不显著,F = 0.19,P > 0.05。

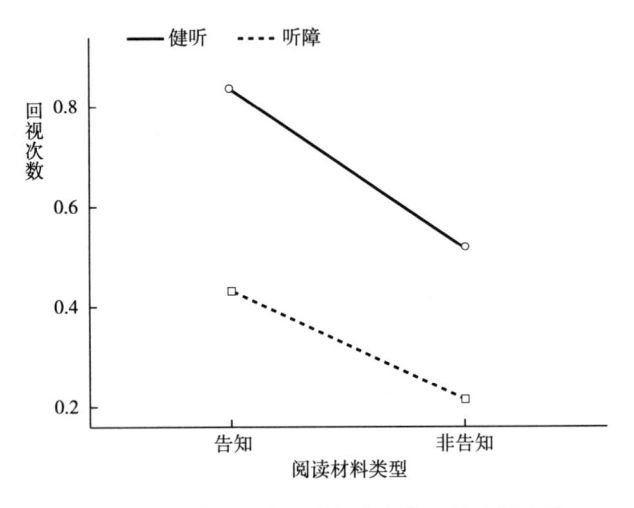

图 8 - 4　两类学生在两种阅读条件下的回视次数

4. 回视点个数比较

表 8-9　听障与健听学生在两类阅读材料上的回视点个数

单位：个

	告知	非告知
健听	3.80 ± 5.27	2.24 ± 3.21
听障	0.87 ± 1.32	0.75 ± 2.16

以回视点个数为因变量进行方差分析，结果表明：实验材料的主效应不显著，$F = 1.86$，$P > 0.05$；被试类型主效应极其显著，$F = 8.59$，$P < 0.01$；交互作用不显著，$F = 1.33$，$P > 0.05$。

5. 回视时间比较

表 8-10　听障与健听学生在两类阅读材料上的回视时间

单位：秒

	告知	非告知
健听	1.04 ± 1.40	0.65 ± 0.94
听障	0.25 ± 0.43	0.16 ± 0.48

以回视时间为因变量进行方差分析，结果表明：实验材料的主效应不显著，$F = 2.50$，$P > 0.05$；被试类型主效应极其显著，$F = 8.74$，$P < 0.01$；交互作用不显著，$F = 0.99$，$P > 0.05$。

四　讨论

（一）基于自信心评价的阅读理解监控能力分析

阅读理解监控是个体在阅读过程中元认知监控水平的重要体现。本研究运用自信心评价技术对听障和健听学生的理解监控能力进行了间接测量。结果发现，无论矛盾信息是否告知，健听学生阅读理解成绩均高于听障学生，健听学生基于自信心评价的阅读理解监控能力均高于听障学生，这符合预期。同时，实验结果亦显示无论健听还是听障学生，在非告知的情况下，基于自信心评价的阅读监控指标数值均较高，显示他们的阅读监控水平均较低。这与此前西方学者对低年龄与阅读能力差的阅读者不具备对阅读理解的有效监控研究结果一致，即被试的理解监控和阅读能力之间存在显著的相关，理解能力越差，监控水平就越低。

（二）基于眼动指标的阅读理解监控能力分析

虽然听障学生在阅读理解中的监控能力较差，但并不意味着他们在阅读过程中没有进行监控。利用实时监控的眼动追踪技术对被试的阅读过程进行监测，我们发现被试对文章中出现的矛盾信息有回视行为。该结论验证了徐富明、张茂林等人的结论：健听和听障学生在矛盾信息出现的区域内的注视点的平均持续时间均显著大于正常区域的平均持续时间。[1] 其实质可能是由于错误信息的误导，延长了被试对相关内容的信息加工速度，导致了注视时间的增长的假设推论。即回视次数、回视点个数及回视时间都会引起在矛盾信息区域内注视时间的增加。

---

[1] 徐富明、白学军、沈德立、施建农：《对阅读理解监控及其发展的直接测量》，《心理科学》2009 年第 1 期；张茂林、杜晓新：《阅读预期对不同阅读策略特点聋人大学生快速阅读影响的眼动研究》，《中国特殊教育》2012 年第 3 期。

第八章 听障大学生在告知与非告知条件下阅读理解监控的眼动研究 ✻

（三）听障学生自发与诱发监控的探讨

本研究中，通过在指导语中提示矛盾信息的存在与否来探查听障学生的理解监控特点。由实验结果可知，无论听障还是健听学生，告知组阅读理解成绩均显著高于非告知组。这一结果符合预期。告知组主要是通过指导语的改变而让被试在阅读文章前就了解到矛盾信息的存在，属于"诱发"行为；而非告知组则属于"自发"行为。由实验结果可知，告知组的指导语诱发了被试的监控行为，从而提高了监控能力，这一点可以通过基于自信心评价的监控指标和以回视次数为指标的眼动指标均与非告知组有显著差异来证明，该结论与前人以学习困难学生为研究对象的结论相同。同时，虽然眼动指标中的回视点个数和回视时间，在告知与非告知两组间没有统计上的差异，但就均值而言，无论对听障还是健听学生，告知组均要高于非告知组。这说明告知行为对提高学生的阅读监控水平有一定效果，这对今后探索对听障学生的阅读监控能力的干预训练提供了依据。

（四）听障学生阅读理解监控干预可行性探讨

根据实验结果可知，无论听障还是健听被试，在告知与非告知两种阅读条件下，在阅读时间和回视次数的指标探查上均有显著差异。告知情况下阅读时间和回视次数都有所增加。阅读时间代表着信息加工的过程，时间越长，信息加工越多。回视次数代表的是阅读过程中的监控水平，回视次数越多，回视点个数及回视时间越长，监控水平越高，监控效果越好。可见阅读时间与回视次数的增加均对提高听障学生阅读理解的整体效率有一定的效果。这得出与前人一致的结论：理解监控对阅读理解过程起引导作用，而且理解监控能力的发展会促进读者阅读理解水平的提升。本研究中听障学生告知情况下的成绩高于非告知情况，说明干预手段的有效性。可采用阅读理解监控领域中业已成熟的方法对听障学生进行训练，以提高他们的理解监控水平，如在教育教学中，引入自我提问策略、总结策略、相互教学模式等。

五　结论

（1）听障学生与健听学生阅读理解的整体能力在告知情况下要显著高于非告知情况，主要表现在文章阅读理解成绩、阅读速度和阅读效率在两类阅读材料下的差异性。

（2）听障学生阅读监控能力在告知与非告知情况下均低于健听学生，主要表现在基于自信心评价的理解监控和以回视次数为指标的眼动监控均低于健听学生。

（3）听障学生在阅读监控眼动指标上与健听学生有显著差异，主要表现在回视次数、回视时间和回视点个数上均明显低于健听学生。

第九章　总结与展望

经过五个实验，我们对听障大学生的阅读理解监控特点有了进一步的了解。现从听障学生阅读理解特点、听障学生阅读理解监控特点、听障阅读加工方式、理解监控的诱发、两种监控研究方法的差异及眼动技术的革新角度做一总结。

本研究运用错误觉察方式与眼动实时监控相结合的方法，通过5个实验探查了听障学生阅读理解监控的眼动特点。实验1考察的是矛盾信息的存在与否对听障学生阅读理解监控的影响；实验2~4分别考察了矛盾信息的空间位置对听障学生阅读理解监控的影响；实验5考察的是矛盾信息的提示与否对听障学生阅读理解监控的影响。整个研究层层递进，逐层剥离，实验1~4逐渐探知听障学生阅读理解监控的特点，实验5为干预训练的有效性提供了支持。

一　研究总结

（一）听障学生阅读理解的特点

无论阅读材料通达与否、矛盾信息提示与否、矛盾信息处于何种空间位置，健听学生阅读理解成绩均高于听障学生，这符合预期。衡量阅读能力高低的一个主要指标就是单位时间内获取信息数量的多少。在眼动常规指标上，5个实验结果趋于一致，健听学生注视点个数和阅读时间均少于听障学生，而阅读速度、阅读效率则高于听障学生，这一结论与前人关于阅读的眼动研究的结果相吻合。[①] 说明高阅读能力的阅读者，在阅读过程中具有阅读速度快、对阅读材料的注视点少、阅读时间少的特点。这些结论与本研究是相符的。由此可见，健听学生在单位时间内处理信息数量多，加工信息效率高；而听障学生在单位时间内处理信息数量少，加工信息效率低。

（二）听障学生阅读理解监控的特点

本研究关于阅读理解监控的指标有2个：一个是基于自信心评价的理解监控指标；另一个是以回视为依据的理解监控的眼动指标。其中，基于自信心评价的理解监控指标属于探查理解监控的传统指标，已经得到了很多研究的证实。而以回视为依据的眼动指标属于新型研究方法，尚处于探索阶段。不过，根据本实验的结果可知，以回视为依据的眼动指标确能反映被试的理解监控特点。[②]

通过对基于自信心评价的理解监控指标探查发现，听障学

[①] 白学军、阎国利：《儿童理解课文时眼动过程的研究》，《天津师大学报》1993年第6期；白学军、沈德立：《初学阅读者和熟练阅读者阅读课文时眼动特征比较研究》，《心理发展与教育》1995年第2期；刘晓明：《听障大学生阅读理解监控的眼动研究》，《中国特殊教育》2012年第1期。

[②] 刘晓明：《听障大学生阅读理解监控的眼动研究》，《中国特殊教育》2012年第1期。

生在此指标上的分数值较高,说明他们的监控能力低的特点。实验中运用了监控研究的经典范式——错误觉察,发现矛盾信息的存在与否、矛盾信息存在的空间位置及矛盾信息的提示与否,对健听学生的影响要显著大于听障学生,这说明健听学生能够更多地觉察出材料中的矛盾信息,对矛盾信息具有更强的敏感性,从而影响了阅读理解的正确性;而听障学生对矛盾信息的敏感性较弱,觉察错误信息的能力较差。这与国外很多以低龄被试为研究对象的理解监控研究结论相吻合,即理解监控差的被试元认知的知识和体验相对不足。

有研究指出,"回视"是由于对文章的理解错误而产生的一种自发行为,当阅读者对理解出现歧义或者遇到对句子的理解有错误的词语,他们的眼睛便能很准确地回视到这个部分。[1] 可见回视行为的存在说明阅读者对自己阅读过程的监控与调节。回视有助于对文章进行深层次的加工,在阅读过程中,对未理解或者产生疑问的内容进行再次注视是元认知监控的体现。两类被试在 5 个实验中以回视次数、回视时间和回视点个数为探查监控能力的指标上,均体现阅读材料的差异性。可见阅读材料的改变引发了两类被试不同的监控行为。听障学生在回视次数、回视时间和回视点个数上明显低于健听学生,且这 3 项理解监控测量指标的数据结果趋于一致,这说明听障学生的阅读理解监控能力低于健听学生。[2] 这一结果验证了前人关

---

[1] 徐富明、白学军、沈德立、施建农:《对阅读理解监控及其发展的直接测量》,《心理科学》2009 年第 1 期。

[2] 刘晓明:《听障大学生阅读理解监控的眼动研究》,《中国特殊教育》2012 年第 1 期。

于不同阅读能力学生监控能力有差异的结论。元认知理论强调理解监控在阅读当中的重要性，国内外很多研究也证实了优、差理解者在元认知上的差异，这和前人关于元认知监控能力与成绩相关性的结论一致。可见，听障学生阅读理解能力普遍不高可能是由于其元认知监控水平低下所致。

（三）听障学生阅读加工方式

信息加工观点将阅读看成对文本进行解释的过程。在阅读理解过程中，信息的加工遵循从低层次的字词识别到高层次的意义提取的过程，这是"自下而上"的加工。与此不同，如果读者使用已有知识与文章脉络信息对将要阅读的内容进行假设，通过假设、预测来理解文章的意义，则是"自上而下"的加工。一般而言，在阅读的过程中，"自下而上"和"自上而下"两种处理同时发生且交互作用。[①] 台湾学者张蓓莉曾指出大多数听障学生在阅读中习惯使用"自下而上"、逐字阅读的策略。[②] 这可能是由于听障学生的阅读能力发展限制所致，使得他们更注重和强调对字词的识别与解码。

实验2通过设置句内不一致与句外不一致，来探查听障学生与健听学生阅读监控的差异。结果发现，阅读材料变量对两类被试有着不同的影响，在阅读速度、阅读时间和注视点个数上均发现被试变量与材料变量之间存在交互作用。从简单效应

[①] 转引自张必隐《阅读心理学》（修订版），北京师范大学出版社，2004，第28~46页。

[②] 张蓓莉：《听觉障碍学生之语言能力研究》，《特殊教育研究学刊》1989年第5期。

的分析结果看,无论句内不一致还是句外不一致,健听学生在上述指标上变化不大,但听障学生存在非常明显的差异。在句内不一致的情况下,听障学生阅读时间更长、阅读速度更慢、注视点更多。同样,实验3听障学生在矛盾信息间隔距离小(间隔2句)的阅读材料与在矛盾信息间隔距离大(间隔4句、间隔6句和间隔8句)的阅读材料上,基于自信心评价的监控指标差异显著也说明了同样的问题。关于这种现象的原因,笔者认为这与被试的"自下而上"、逐字逐句的阅读加工模式有关。听障学生的这个阅读习惯,使得他们在句内不一致材料上会关注更多,因此阅读时间长、注视点多、速度慢。

(四)理解监控的诱发

实验5通过在指导语中提示矛盾信息的存在与否来探查听障学生的理解监控特点。由结果可知,无论听障还是健听学生,告知组的阅读理解成绩均显著高于非告知组。这一结果符合预期。告知组主要是通过指导语的改变而让被试在阅读文章前就了解到矛盾信息的存在,属于"诱发"行为;而非告知组则属于"自发"行为。告知组的指导语诱发了被试的监控行为,从而提高了监控能力,这一点可以通过基于自信心评价的监控指标和以回视次数为指标的眼动指标均与非告知组有显著差异来证明,该结论与李伟健以学习困难学生为研究对象的结论相同。[①] 这说明告知行为对提高学生的阅读监控水平有一定效果,这对今后探索

---

① 李伟健:《学习困难学生阅读理解监视的实验研究》,《心理与行为研究》2004年第1期。

对听障学生的阅读监控能力的干预训练提供了依据。

(五) 两种理解监控研究方法的差异

本研究使用了两种方法来检测阅读监控水平：一种是基于自信心评价的理解监控检测方法，另一种是以回视为指标的眼动检测方法。研究发现，这两种方法的研究结果既有相同点，又有差异。两种方法均表明，无论健听学生还是听障学生都有一定的阅读监控能力，且健听学生监控水平高于听障学生。以自信心评价为指标的阅读监控能力，在实验1与实验3中，阅读材料对健听学生的影响远大于对听障学生的影响；而以眼动回视数据为指标评价监控能力，发现两类学生在不同的阅读材料上变化趋势一致。该结论用眼动的手段验证了前人关于这两种监控方法差异的解释。[1]

以实验1为例，使用自信心评价的理解监控结果表明，无论听障还是健听学生，通达情况下监控能力均高于非通达情况，这说明两类学生均对非通达现象有所意识，非通达材料使得被试对自己理解程度的判断产生干扰，最终影响了自信心分数。材料通达与否，对健听学生的影响远大于对听障学生的影响，这可能是由于听障学生缺乏必要的阅读监控能力，从而导致对于错误觉察的能力差，对矛盾信息敏感性较低。[2]

---

[1] 刘晓明：《听障大学生阅读理解监控的眼动研究》，《中国特殊教育》2012年第1期；刘晓明、杜晓新、邱天龙：《听障学生与健听学生阅读监控的眼动研究》，《中国听力语言康复科学杂志》2012年第5期。

[2] 刘晓明：《听障大学生阅读理解监控的眼动研究》，《中国特殊教育》2012年第1期；刘晓明、杜晓新、邱天龙：《听障学生与健听学生阅读监控的眼动研究》，《中国听力语言康复科学杂志》2012年第5期。

使用回视指标的眼动检测方法表明，以回视次数、回视点个数和回视时间为因变量进行方差分析表明，实验材料的主效应和被试类型的主效应均显著，交互作用均不显著。无论健听还是听障学生，非通达情况下比通达情况下，更能体现出监控水平。

这两种测量理解监控的方法都有其自身的优缺点。以回视为指标的眼动检测方法设计非常巧妙，与理解监控的过程十分相似。但往往针对的是文章的细节，体现的是对文章局部内容的实时监控水平，更多反映的是监控水平的生理指标。基于自信心评价的理解监控方法是一种常用的元认知测量方法。该方法的前提假设是个体对理解的自信程度与实际的理解水平之间的吻合程度，越吻合则监控水平越高。要求评价的是针对全文的理解程度，因此体现的是对文章整体的延时监控水平。相对于回视的眼动指标，其更多反映的是监控能力的心理指标。由此可见，要完整地研究阅读监控，最好将这两种监控方法结合起来。

（六）眼动技术的革新

通过分析眼动记录法的发展历程及目前一些常用眼动仪的性能，我们可以对眼动仪的发展特点进行初步总结。（1）一些粗糙的眼动记录方法逐渐被淘汰，眼动仪的记录速度和精度不断提高。一些高新技术，如红外线定位技术、电子计算机技术、ERP 等与眼动仪有机结合。（2）开发与应用将更加趋于自然。眼动仪逐渐由固定、体积大且不便携朝着可移动、小型化和便携式的方向发展。小型化和便携式眼动仪使得眼动研究可以更加深入人们的工作、学习和生活情境中。（3）应用将朝着多样化方向发展。眼动仪与其他仪器联合使用，使得人们对心理现象的生理机制研究更深入了一步。同时一些研究者还将尽可能拓宽眼动仪的功能，使之既可以用于科学研究也可用于临床医疗诊断。头盔式视觉追踪眼动仪及分析系统的发展，使得被试在实验时可以移动头部和身体，进而使眼动记录仪更加适用于运动情境，研究的生态学效度有所提高。但由于头盔上的场景和眼部摄像头以及各种连线导致被试不能快速运动、在自然环境条件下仪器精密度的下降等因素的限制，研究的应用场所受到限制。另外，目前的眼动仪器只能记录眼睛在某个纵深距离平面维度上的移动，记录视觉纵深变化的功能还不能较好地实现。如何开发出更加适合在自然环境下进行现场研究的仪器以及拥有记录视觉纵深变化功能的仪器将是仪器开发商的一个努力方向。现有的头盔式眼动仪在数据采集和处理上还未达到记录阅读眼动状况仪器系统的水平。因此，对能够适用于阅读等精细加工领域眼动研究需要的仪器软件进行研制、开发，将会给心理领域的眼动研究带来更加实用的手段和应用推广的动力，这也将是一个重要趋势。

二 特色和创新

本书的研究特色和创新之处在于以下方面。

（1）从研究的整体来说，对听障学生阅读理解监控的特点进行了比较全面、细化的研究探讨，本研究填补了国内目前对听障学生阅读理解监控系统研究的空白。

（2）本研究探讨了听障学生与健听学生阅读理解监控的差异及其眼动特征，验证了基于自信心评价的理解监控指标与以回视为依据的眼动监控指标之间的差异。

（3）在研究方法上，运用眼动技术，突破了传统的只考察理解监控结果的错误检测范式，实现了对阅读理解监控过程的实时研究和直接测量。增强了实验的外部效度，获得了更大的生态效应。

三 研究展望

在听障学生阅读方面，国内外涉及阅读理解的研究较少，仅从词汇知识、句法知识、背景知识以及阅读提示策略角度探讨了对阅读理解的影响。在听障阅读已有的研究领域中，尚未发现与听障学生阅读监控能力相关的成果介绍。而根据较为成熟的针对学习困难领域的监控研究可知，阅读理解监控能力属于元认知研究领域中的核心技能，学习困难学生的阅读理解成绩与阅读理解监控能力相关，而且通过对学习困难学生元认知监控进行训练后，他们的成绩显著提高。这充分说明阅读监控能力的干预有效性。[1] 于是笔者大胆地假设：如果听障学生的阅读监控能力低是导致他们阅读理解成绩差的原因之一，那么是否可以通过对监控能力的训练与干预，以最终达到提高听障学生阅读理解能力的目的呢？

---

[1] 刘晓明：《听障大学生阅读理解监控的眼动研究》，《中国特殊教育》2012年第1期。

(一) 后续研究方向

本研究通过对矛盾信息的有无、矛盾信息的空间位置及矛盾信息的提示与否系统探查了听障学生的阅读监控情况,得到了听障学生理解监控研究的初步成果。但为了全面了解听障学生阅读理解监控的特点,还需在今后的研究中继续挖掘时间性、因果性、逻辑性等多维度监控能力的特点,以及在什么情况下,读者可以监测到这些维度,并且能监控到多少个维度等。

(二) 研究方法的创新

错误觉察与自信心评价业已成为理解监控领域的经典范式,眼动技术尚在探索阶段。根据本研究结果,以回视次数、回视点个数及回视时间为依据的眼动监控指标确能反映被试一定的监控特点。今后要继续将延时手段与实时测量结合起来,提高研究的生态性,从信息加工层面揭示阅读监控的内在机制。这是未来研究的方向之一。

(三) 干预训练的可行性

实验5通过在指导语中提示矛盾信息的存在与否探查听障学生的理解监控特点。告知组的指导语诱发了被试的监控行为,从而提高了监控能力,这一点可以通过基于自信心评价的监控指标和以回视次数为指标的眼动指标均与非告知组的有显著差异来证明。这说明告知行为对提高学生的阅读监控水平有一定促进效果,这对今后探索对听障学生的阅读监控能力的干预训练提供了依据。国内已有学者分别对听障学生在不同组织结构的文章中进行标记和组织策略训练进行了研究，证明对听障学生干预训练的有效性，[1] 可借鉴这些方法对听障学生的监控研究做进一步的探讨。

---

[1] 宋永宁、杜晓新、黄昭鸣、贾彩贞：《组织策略及其对聋校语文阅读教学的启示》，《中国特殊教育》2007 年第 1 期。

附　录

实验 1 所用材料

【通达材料】

豆豆今年六岁了。

在离家不远的第一幼儿园上大班。

明年就可以上小学了。

豆豆妈妈是个老师，知书达理，素质很高。

懂得很多教育幼儿的知识和方法。

平时对豆豆很好，像朋友一样，从不打骂他。

星期一的早上，豆豆耍赖不起床。

豆豆妈妈像往常一样耐心地给他讲道理。

并且，还给他制定了奖惩措施。

没多久，豆豆乖乖地起床了。

高高兴兴地去上幼儿园了。

问题：

1. 豆豆是个小学生吗？

A. 是　　B. 不是

答对该题的自信心分数：A. 一定答对了　　B. 可能答对了

C. 不清楚　D. 可能答错了　E. 一定答错了

2. 豆豆妈妈的教育方式正确吗？

A. 正确　　B. 不正确

答对该题的自信心分数：A. 一定答对了　B. 可能答对了

C. 不清楚　D. 可能答错了　E. 一定答错了

3. 由于豆豆赖床，导致上学迟到了吗？

A. 是的　　B. 不是

答对该题的自信心分数：A. 一定答对了　B. 可能答对了

C. 不清楚　D. 可能答错了　E. 一定答错了

4. 妈妈打了豆豆吗？

A. 打了　　B. 没打

答对该题的自信心分数：A. 一定答对了　B. 可能答对了

C. 不清楚　D. 可能答错了　E. 一定答错了

【非通达材料】

傍晚，李明到广场上练习轮滑。

广场上人很多。

他穿好轮滑鞋就滑了起来。

李明是个新手，刚开始学轮滑。

技术不好，只能扶着栏杆慢走。

还不能让脚下的轮子听从指挥。

突然，他发现远处的自行车快速地撞向一个正在学步的孩子。

李明飞速地滑了过去，救起了孩子。

自行车从他们身边过去了。

孩子的妈妈也跑了过来。

她向李明道了谢，赶紧抱着孩子离开广场。

问题：

1. 广场上的人多吗？

   A. 多　B. 不多

   答对该题的自信心分数：A. 一定答对了　B. 可能答对了　C. 不清楚　D. 可能答错了　E. 一定答错了

2. 李明的轮滑失控了，撞向一个小孩吗？

   A. 是　B. 不是

   答对该题的自信心分数：A. 一定答对了　B. 可能答对了　C. 不清楚　D. 可能答错了　E. 一定答错了

3. 李明是个轮滑高手？

   A. 是　B. 不是

   答对该题的自信心分数：A. 一定答对了　B. 可能答对了　C. 不清楚　D. 可能答错了　E. 一定答错了

4. 小孩的妈妈跑过来救了孩子吗？

   A. 是　B. 不是

   答对该题的自信心分数：A. 一定答对了　B. 可能答对了　C. 不清楚　D. 可能答错了　E. 一定答错了

实验2所用材料

【句内不一致】

热带雨林中最流行的伪装术，就是伪装成树叶，因为这里到处都是沙漠。当一只伪装成树叶的动物一动不动的时候，你根本就不可能发现它。因此，很多昆虫都会选择绿色或者棕色作为体表颜色。一些昆虫长成叶子的形状,并且非常缓慢地行动。这种巧妙的伪装术可以保护自己,避免被猎食者发现。

本文的主要内容是什么?

A. 昆虫可以变成树叶

B. 热带雨林的伪装术

C. 热带雨林里经常下雨

本文中有错误信息或者不通顺的地方吗?

A. 有　　B. 没有

【句外不一致】

地球上大约有10%的大陆表面被永久冰川覆盖着。提到永久冰川,人们首先想到的是白雪皑皑的南北两极地区。难怪,人们总是说瑞雪兆丰年。此外,在海拔非常高的山峰上,我们也能发现永久性的高山冰川。当山峰的海拔非常高的时候,山峰上就会被终年不化的冰雪覆盖,从而形成高山冰川。

本文的主要内容是什么?

A. 瑞雪兆丰年

B. 永久冰川的特点

C. 高山森林的形成原因

本文中有错误信息或者不通顺的地方吗?

A. 有　　B. 没有

实验3所用材料

【矛盾信息间隔2句】

我是家中独子,常年在外工作,逢年过节才有机会回家乡看看父母。今年三月,又到妈妈的生日了。妈妈平时除了读书,没有其他的爱好。要是我给妈妈买几本她喜欢的书作为生日礼物寄回去,她应该会很高兴的。下班后我赶紧去新华书店买了礼物,直接拿到邮局寄了回去。情况果然和我预想的一样。妈妈收到我寄给她的女士羊毛衫后,十分开心。马上回信说对我买给她的生日礼物非常满意。还在信中嘱咐我要好好注意身体呢。

问题:

1. 妈妈的生日是十二月吗?

A. 是   B. 不是

答对该题的自信心分数:A. 一定答对了   B. 可能答对了   C. 不清楚   D. 可能答错了   E. 一定答错了

2. 妈妈是打电话告诉作者,她对礼物很满意的吗?

A. 是   B. 不是

答对该题的自信心分数:A. 一定答对了   B. 可能答对了   C. 不清楚   D. 可能答错了   E. 一定答错了

3. 作者是打算买羊毛衫给妈妈做生日礼物吗?

A. 是   B. 不是

答对该题的自信心分数:A. 一定答对了   B. 可能答对了   C. 不清楚   D. 可能答错了   E. 一定答错了

4. 妈妈平时爱好很广泛吗？

A. 广泛　　B. 不广泛

答对该题的自信心分数：A. 一定答对了　B. 可能答对了　C. 不清楚　D. 可能答错了　E. 一定答错了

【矛盾信息间隔 4 句】

丽丽和菲菲是一对好朋友。两人经常一起逛街、看书、吃饭。彼此对对方的饮食、爱好非常熟悉。丽丽是个素食主义者，不吃荤的，只吃素的。菲菲没有什么忌口的，荤素都能吃。一天两人相约去常去的快餐店吃饭。丽丽先到的，等菲菲的时候先点了一杯柠檬水喝。餐厅里正播放着熟悉的钢琴曲。菲菲来后，丽丽迅速地点了两份鸡腿汉堡套餐。他们边吃边聊，非常开心。吃完饭，两个人又去看了一场电影。

问题：

1. 丽丽和菲菲经常到这家快餐店吗？

A. 是　　B. 不是

答对该题的自信心分数：A. 一定答对了　B. 可能答对了　C. 不清楚　D. 可能答错了　E. 一定答错了

2. 丽丽今天点的是鸡腿汉堡吗？

A. 是　　B. 不是

答对该题的自信心分数：A. 一定答对了　B. 可能答对了　C. 不清楚　D. 可能答错了　E. 一定答错了

3. 菲菲胃口很好，荤素都能吃吗？

A. 是　　B. 不是

答对该题的自信心分数：A. 一定答对了　B. 可能答对了　C. 不清楚　D. 可能答错了　E. 一定答错了

4. 两个人先看了电影，再去吃快餐的吗？

A. 是　B. 不是

答对该题的自信心分数：A. 一定答对了　B. 可能答对了 C. 不清楚　D. 可能答错了　E. 一定答错了

【矛盾信息间隔6句】

狮子和老虎是一对死对头。一天，两只动物都出来找食吃。他们同时发现了一只受伤不能动的小鹿。他们为了争夺这只小鹿打了起来。他们互相撕咬着，打得很凶。他们力气差不多大，打了很久也没分出胜负。最后他们都累倒在地上不能动了。小鹿就在他们身边，但他们谁也没有力气去咬一口，只能互相看着对方。就在这时，小鹿飞快地站起来，迈着轻盈的步伐奔向森林深处。狮子和老虎一点办法也没有，互相看了一眼说："我们真是白忙活一场啊！"

问题：

1. 是老虎先发现了小鹿吗？

A. 是　B. 不是

答对该题的自信心分数：A. 一定答对了　B. 可能答对了 C. 不清楚　D. 可能答错了　E. 一定答错了

2. 狮子最终打败了老虎，吃掉了小鹿吗？

A. 是　B. 不是

答对该题的自信心分数：A. 一定答对了　B. 可能答对了 C. 不清楚　D. 可能答错了　E. 一定答错了

3. 狮子和老虎发现小鹿时，小鹿正飞速地离开吗？

A. 是　B. 不是

答对该题的自信心分数：A. 一定答对了　B. 可能答对了

C. 不清楚　D. 可能答错了　E. 一定答错了

4. 小鹿是被大象救走了吗？

　　A. 是　　B. 不是

答对该题的自信心分数：A. 一定答对了　B. 可能答对了

C. 不清楚　D. 可能答错了　E. 一定答错了

【矛盾信息间隔8句】

星期天的上午，天气晴朗。十岁的琪琪在自家门前的院子里玩耍。她玩得非常开心。附近树林中一棵树上，大黄蜂在那里结了巢。邻居家的两个孩子已经被大黄蜂刺伤，伤势非常严重。爸爸告诉琪琪好几次让她不要在门口玩，但她不听。琪琪看到一朵非常好看的黄色野菊花。她把野菊花摘下来插在头上。她又摘了很多树叶编了花环戴在头上。突然，她看见一条长着青色花纹的毒蛇向她窜过来。她大喊一声，扔掉花环尖叫着跑进了教室。

问题：

1. 琪琪被大黄蜂蜇伤了吗？

　　A. 是　　B. 不是

答对该题的自信心分数：A. 一定答对了　B. 可能答对了

C. 不清楚　D. 可能答错了　E. 一定答错了

2. 爸爸和琪琪一起在院子里摘花吗？

　　A. 是　　B. 不是

答对该题的自信心分数：A. 一定答对了　B. 可能答对了

C. 不清楚　D. 可能答错了　E. 一定答错了

3. 看到蛇后，琪琪非常害怕吗？

　　A. 是　　B. 不是

答对该题的自信心分数：A. 一定答对了　　B. 可能答对了
C. 不清楚　　D. 可能答错了　　E. 一定答错了

4. 琪琪会用野花和树叶编花环吗？

A. 会　　　　B. 不会

答对该题的自信心分数：A. 一定答对了　　B. 可能答对了
C. 不清楚　　D. 可能答错了　　E. 一定答错了

实验4所用材料

【矛盾信息在直线型结构条件下】

南瓜饼是一种非常健康的食品，老少皆宜。那么该如何制作呢？

首先，选购甜糯品种的南瓜，主要是看南瓜的颜色是否鲜艳，一般而言，颜色鲜艳、外皮光滑的南瓜会更甜一些。将南瓜洗净、去皮、切块放入蒸笼蒸15分钟，然后将南瓜肉取出放在大碗内分成两份备用。取其中的一多份加入白糖、面粉，将面粉和南瓜泥充分搅拌成面团状，放置一旁备用。取平锅，淋入少许油烧热，将做好的南瓜饼放锅中煎至两面呈金黄色即可。

接下来做馅，取刚才剩下的一小份蒸熟的南瓜，用纱布挤出多余水分，加入适量白糖或者红糖等馅料搅拌均匀待用，也可以将核桃、花生等绞碎加入其中。将前面做的面团分成小等份，擀成薄饼，包入馅，根据个人爱好搓成喜欢的形状，如圆形、长条形、心形等。

摆放入盘中，加适量的绿色蔬菜作为点缀。绿色的蔬菜配上橙色的南瓜饼，令人赏心悦目。这样一道色香味俱全的健康食品就诞生了。

问题：

1. 南瓜饼的馅和皮都是用南瓜做原材料吗？

   A. 是　　B. 不是

   答对该题的自信心分数：A. 一定答对了　B. 可能答对了　C. 不清楚　D. 可能答错了　E. 一定答错了

2. 选购甜糯品种的南瓜主要是看颜色吗？

   A. 是　　B. 不是

   答对该题的自信心分数：A. 一定答对了　B. 可能答对了　C. 不清楚　D. 可能答错了　E. 一定答错了

3. 南瓜饼的皮和馅的主要区别在于是否加入了面粉吗？

   A. 是　　B. 不是

   答对该题的自信心分数：A. 一定答对了　B. 可能答对了　C. 不清楚　D. 可能答错了　E. 一定答错了

4. 南瓜饼必须配上绿色蔬菜一起吃吗？

   A. 是　　B. 不是

   答对该题的自信心分数：A. 一定答对了　B. 可能答对了　C. 不清楚　D. 可能答错了　E. 一定答错了

【矛盾信息在坐标型结构条件下】

阳明山是台湾境内海拔最高的山林公园。因其"上午看花，下午赏林，晚上观星"，一天可看三个景象，而成为著名的观光胜地。

天刚蒙蒙亮，便可从山脚下出发。沿着盘旋的山间小路，向山顶迈进。当太阳从地平线上升起的时候，可看到第一个可以供游人休息的亭子。歇息片刻，再继续前进。一路上，可以欣赏到漫山遍野的花争芳斗艳，如入画境。中午时分，终于到达山顶，这里似乎是一个分界线。向下看去，花海一片，万紫千红；向上望去，绿树成林，青山翠谷。再往前走，或许是树木多的原因，太阳仿佛不是那么的火辣了，而地形也变得陡峭起来。随着攀登的进程，太阳也下山了，山中的雾气便多了起来，好像进入仙境一般。傍晚终于来临了，天渐渐黑了下来，也预示着快要到达山顶了。此时登山的人们是最兴奋的，因为胜利就在眼前。最后，经过一天的努力攀登，终于到达了最高点。此刻仰望天空，繁星点点，像挂在黑色的幕布上的钻石一样格外耀眼。感慨万千，阳明山真是美啊！

问题：

1. 阳明山因为可看日出而成为旅游胜地吗？

   A. 是　　B. 不是

   答对该题的自信心分数：A. 一定答对了　　B. 可能答对了 C. 不清楚　D. 可能答错了　　E. 一定答错了

2. 攀登阳明山的过程中，会感觉地形越来越陡峭吗？

   A. 是　　B. 不是

   答对该题的自信心分数：A. 一定答对了　　B. 可能答对了 C. 不清楚　D. 可能答错了　　E. 一定答错了

3. 登山过程中是先看花，后看树吗？

   A. 是　　B. 不是

   答对该题的自信心分数：A. 一定答对了　　B. 可能答对了 C. 不清楚　D. 可能答错了　　E. 一定答错了

4. 要想登阳明山，需要一天的时间吗？

A. 需要　　B. 不需要

答对该题的自信心分数：A. 一定答对了　B. 可能答对了 C. 不清楚　D. 可能答错了　E. 一定答错了

【矛盾信息在网状型结构条件下】

变态发育指动物在胚后发育过程中，形态结构和生活习性上所出现的一系列显著变化，幼体与成体差别很大。变态发育一般是指两栖动物与昆虫纲的发育方式。

两栖类的变态发育要经过四个时期，如青蛙：受精卵—蝌蚪—幼蛙—成蛙。

昆虫纲的变态发育和两栖类有所不同。根据发育过程中是否有蛹期可以把大多数昆虫分为完全变态与不完全变态两大类。

完全变态的昆虫一生要经历卵、幼虫、蛹和成虫 4 个阶段。此类昆虫的幼虫与成虫在外观上有较大的差别，比如毛虫和蝴蝶。常见的昆虫中，蜜蜂、苍蝇、蝴蝶、蛾子、青蛙以及各种甲虫都是完全变态的。

不完全变态的昆虫一生经历卵、幼虫和成虫 3 个阶段。它们的幼虫在外观上与成虫差别一般不大，通常只是体形稍小，没有翅。不完全变态昆虫的幼虫生活在陆地上的称为若虫，生活在水中的称为稚虫。常见的昆虫中，蝗虫、蟋蟀、螳螂、蜻蜓、蝉等都是不完全变态的。

问题：

1. 变态发育是两栖类动物特有的吗？

A. 是　　B. 不是

答对该题的自信心分数：A. 一定答对了　B. 可能答对了　C. 不清楚　D. 可能答错了　E. 一定答错了

2. 昆虫纲的变态发育和两栖类的变态发育相同吗？

A. 相同　B. 不相同

答对该题的自信心分数：A. 一定答对了　B. 可能答对了　C. 不清楚　D. 可能答错了　E. 一定答错了

3. 完全变态的昆虫的幼虫和成虫在形态上差别大吗？

A. 大　B. 不大

答对该题的自信心分数：A. 一定答对了　B. 可能答对了　C. 不清楚　D. 可能答错了　E. 一定答错了

4. 不完全变态的昆虫一生要经历卵、幼虫、蛹和成虫4个阶段吗？

A. 是　B. 不是

答对该题的自信心分数：A. 一定答对了　B. 可能答对了　C. 不清楚　D. 可能答错了　E. 一定答错了

实验5所用材料

【告知材料】

下午，王刚到游泳馆游泳。

游泳馆里人很少。

王刚换好游泳衣进了水池。

王刚学游泳的时间还不长。

他只能在离水池边不远的浅水区里游。

王刚根本不能游到深水区。

忽然，王刚听到有人在深水区喊救命。

王刚飞快地游过去救起溺水者。

溺水者是一位二十五六岁的男青年。

溺水者被救上岸后，人们马上给急救中心打了电话。

很快，救护车和医护人员赶到了。

1. 游泳馆里人多吗？

  A. 多 B. 不多

  答对该题的自信心分数：A. 一定答对了 B. 可能答对了 C. 不清楚 D. 可能答错了 E. 一定答错了

2. 王刚救起了一个在游泳池边玩耍的小朋友吗？

  A. 是 B. 不是

  答对该题的自信心分数：A. 一定答对了 B. 可能答对了 C. 不清楚 D. 可能答错了 E. 一定答错了

3. 是王刚打了120急救电话吗？

  A. 是 B. 不是

  答对该题的自信心分数：A. 一定答对了 B. 可能答对了 C. 不清楚 D. 可能答错了 E. 一定答错了

4. 王刚是个游泳初学者吗？

  A. 是 B. 不是

  答对该题的自信心分数：A. 一定答对了 B. 可能答对了 C. 不清楚 D. 可能答错了 E. 一定答错了

【非告知材料】

傍晚，李明到广场上练习轮滑。

广场上人很多。

他穿好轮滑鞋就滑了起来。

李明是个新手,刚开始学轮滑。

技术不好,只能扶着栏杆慢走。

还不能让脚下的轮子听从指挥。

突然,他发现远处的自行车快速地撞向一个正在学步的孩子。

李明飞速地滑了过去,救起了孩子。

自行车从他们身边过去了。

孩子的妈妈也跑了过来。

她向李明道了谢,赶紧抱着孩子离开了广场。

问题:

1. 广场上的人多吗?

 A. 多 B. 不多

 答对该题的自信心分数:A. 一定答对了 B. 可能答对了 C. 不清楚 D. 可能答错了 E. 一定答错了

2. 李明的轮滑失控了,撞向一个小孩吗?

 A. 是 B. 不是

 答对该题的自信心分数:A. 一定答对了 B. 可能答对了 C. 不清楚 D. 可能答错了 E. 一定答错了

3. 李明是个轮滑高手吗?

 A. 是 B. 不是

 答对该题的自信心分数:A. 一定答对了 B. 可能答对了 C. 不清楚 D. 可能答错了 E. 一定答错了

4. 小孩的妈妈跑过来救了孩子吗?

 A. 是 B. 不是

 答对该题的自信心分数:A. 一定答对了 B. 可能答对了 C. 不清楚 D. 可能答错了 E. 一定答错了

全日制聋校义务教育语文课程标准（草稿）

一　前言

时代的发展要求现代人不仅要有多方面的知识和技能，而且要具备良好的人文素养和较强的适应能力、决策能力、创新精神、合作意识和开放的视野，具备包括阅读理解与表达交流在内的多方面的基本能力，以及运用现代技术搜集和处理信息的能力。语文教育应该而且能够为造就时代发展所需的一代新人发挥重要的作用。

为适应和满足社会进步以及聋生自身发展的需要，聋校义务教育语文课程的改革，应坚持以人为本、面向未来，从培养聋生适应未来社会的能力，促进聋生的可持续发展出发，依据语文教育和聋生身心发展的特点和规律，努力构建包括课程目标和内容、教学和学习方式、评价目的和方法等在内的与素质教育要求相吻合的适应现代社会生活和聋生发展需要的语文课程。

（一）性质与地位

语文是最重要的交际工具，是人类文化的重要组成部分。语文课程具有工具性和人文性相统一的基本特点。

语文是学好其他课程的基础，也是聋生融入和适应社会必备的基本条件。聋校的语文课程应致力于全体聋生语文素养的形成，为聋生适应未来社会、终身学习和发展奠基。

（二）基本理念

1. 关注聋生发展，提高语文素养

聋校的语文课程要面向全体聋生，针对不同学段聋生发展的特殊需要，实事求是地提出切实可行的目标和要求，使每一个聋生获得基本的语文素养，获得全面、生动、主动的发展。语文课程要关注聋生的情感体验，激发和培育他们学习语文的兴趣，帮助他们建立学习的成就感和自信心，要激发和培育聋生热爱祖国语文的思想感情，引导他们丰富语言的积累，培养语感，发展思维，初步掌握学习语文的基本方法，养成良好的学习习惯，逐步形成适应社会生活需要的识字能力、阅读能力、写作能力和沟通交流的能力，为他们融入和适应主流社会以及终身学习与发展奠定坚实的基础。

同时，语文教育要跳出"聋"的限制和束缚，从多方面、多视角，以多种方式发掘每一个聋生的学习潜能，发展他们的个性，让每个聋生在成长中得到充分的发展。

2. 正确把握聋生语文学习的特点

聋校语文教育应注重认真观察、亲身体验、动手操作的过程，让聋生在生动活泼的语文实践中学习语文，掌握语文学习的基本方法和语言运用的基本规律。

观察、体验、操作是聋生获得外部信息，提升认知能力的重要途径和手段。在教育教学活动中，应十分注重直观性原则，关注聋生的已有知识经验和认知水平，充分利用聋生的多种感官，通过多种形式的实际观察与动手操作，丰富学生的直接感受和体验。起始年级，应特别注意借助具体事物或图像来认识与把

握文字，为以后的语文学习奠定基础。中高年级，要特别关注借助语言文字表达自己的意思，提高与他人沟通、交流的能力。

3. 强调聋生参与，大力倡导实践性学习方式

促进学生的发展是语文课程的出发点和归宿。学生是学习的主人。因此，语文课程在目标确定、教学过程、课程评价和教学资源的开发等方面都应突出以学生为主人的思想。课程实施应根据聋生身心发展和语文学习的特点，充分调动聋生学习的积极性和主动性，要爱护聋生的好奇心和求知欲，引导聋生积极参与，有效参与。课程实施的过程，应当成为聋生在教师指导下发展语言、提高能力、活跃思维、拓展视野和形成健全人格的过程，成为聋生全面、自由、积极地发展的过程。

聋生的语文学习应大力提倡在实践中学习，在生活中学习，在生动活泼的活动中学习，大力提倡在语文实践中掌握语文学习的方法，提高运用语文的能力，养成良好的学习习惯。

4. 尊重个体差异，积极推进个别化教学

关注聋生的真实世界，尊重聋生的个体差异，并从其现状与需要出发设计课程，以促进聋生语文素养的形成与提高。由于聋生个体差异的存在，语文课程的实施必须坚持因材施教的原则，选择适合聋生的沟通方式，鼓励教师在实践中创造性地使用教材，设计、组织适合不同聋生特点的课程，大力推进个别化教学的实施，从而实现面向聋生的语文课程从追求达成目标的划一性向尊重学生个体差异的多样性转变。

5. 构建促进聋生发展的课程评价

构建能够激励聋生学习兴趣和自主学习能力发展的评价体系。评价要体现目标全面、主体多元、形式多样。过程性评价应注重培养和激发聋生学习的积极性和自信心，结果性评价应着重检测聋生的综合语文应用能力。评价要有利于促进聋生语文综合能力的提高和健康人格的形成，促进教师教育教学水平的不断提高，促进聋校语文课程的不断完善。

6. 开发课程资源，拓展学用渠道

语文学习的外延与生活的外延相等。聋校的语文课程要高度重视多种教育资源的开发与利用，为聋生提供贴近生活、贴近时代、内容健康和丰富的学习资源，不断优化、利用、开发语文学习与实践的环境，努力拓宽学用结合的渠道。要积极利用计算机网络等，引导聋生运用现代信息技术学习语文和运用语文，使聋生初步获得现代社会所必需的语文能力。

（三）设计思路

（1）课程目标九年一贯整体设计。课程标准依据聋生的生理和心理特点，在"总目标"之下，按 1~3 年级、4~6 年级、7~9 年级三个学段分别提出阶段目标。

（2）课程目标根据知识和能力、过程与方法、情感态度和价值观三个维度设计，三个方面相互渗透，融为一体，注重语文素养的整体提高、适应社会生活能力的培养和聋生健康人格的发展。各学段相互联系，螺旋上升，最终全面达到总目标。

（3）阶段目标从"识字与写字"、"阅读"、"写作"（1~3 年级为"写话"，4~6 年级为"习作"）、"言语交际"四个方面提出要求。课程标准还提出了"综合性学习"的要求，以加强语文课程与其他课程以及生活的联系，促进聋生语文素养的协调发展。

（4）"实施建议"对教材编写、课程资源的开发与利用、教学、评价等，提出了实施的原则、方法和策略，并留有创造的空间。

二　课程目标

（一）总目标

（1）在语文学习的过程中，培养聋生爱国主义感情、社会主义思想道德和健康的审美情趣，发展个性，培养合作精神，形成聋生积极的人生态度和正确的价值观。

（2）认识中华民族文化的丰厚博大，吸收民族文化智慧，弘扬民族精神，培植热爱祖国语言文字的情感，增强语文学习的自信心。关心当代文化生活，吸收人类优秀文化的营养。

（3）具备运用语言文字与人沟通交流的基本能力。大力开发聋生的潜能，培养思维能力和想象力。养成良好的语文学习习惯，初步掌握学习语文的基本方法。

（4）基本掌握汉语拼音的口形和拼读方法。认识2500个左右常用汉字。能借助辅助工具独立识字。能正确工整地书写汉字，并有一定的速度。

（5）初步学会运用多种阅读方法，具有独立阅读的基本能力。注重发展感受和理解能力，具有初步的欣赏和评价能力，有较为丰富的积累。九年课外阅读总量应在200万～250万字，能背诵优秀诗文150篇（段）。

（6）能根据日常生活需要，运用常见的表达方式写作，做到明确具体、语句通顺。

(7) 能熟练运用多种表达方式,基本达到无障碍交流。初步学会文明的人际沟通和社会交往。

(8) 初步掌握搜集和处理信息的方法。会使用常用的语文工具书。

(二) 阶段目标

第一学段 (1~3年级)

1. 识字与写字

(1) 喜欢学习汉字,有主动识字的愿望。

(2) 认识常用汉字1200个左右,其中800个左右会写。

(3) 熟记声母、韵母、声调、整体认读音节和《汉语拼音字母表》,基本掌握汉语拼音的口形和拼读方法。认识大写字母。熟练地使用汉语拼音手指字母。正确书写声母、韵母、音节。

(4) 掌握汉字的基本笔画和常用的偏旁部首,能按笔顺规则用硬笔写字,注意间架结构。写字姿势要正确,字要写得规范、端正、整洁,努力养成良好的写字习惯。

(5) 能借助汉语拼音认读汉字。学习运用音序检字法查字典。

2. 阅读

(1) 喜欢阅读,感受阅读的乐趣,初步养成爱护图书和主动阅读的习惯。

(2) 练习正确、有表情地朗读句子和课文。开始学习默读。

(3) 能结合上下文和生活实际了解词句的意思。认识课文中出现的常用标点符号。在阅读中,体会句号、逗号、问号、感叹号的不同用法。

（4）学习借助图画阅读浅近的儿歌、童谣、故事，乐于与人交流自己感兴趣的内容。

（5）积累自己喜欢的词语。背诵优秀诗文50篇（段），课外阅读总量不少于5万字。

3. **写话**

（1）对写话有兴趣，能写清楚自己想说的话。

（2）能依据图片、简单事物或生活中的场景，说、写意思连贯、语句通顺的几句话。

（3）根据表达需要，学习使用逗号、句号、问号、感叹号。

4. **言语交际**

（1）能用合适的表达方式与他人交流，态度自然大方，有礼貌。

（2）能认真听（看）别人讲话，努力了解讲话的主要内容。

（3）积极参加讨论，敢于发表自己的意见。

5. **综合性学习**

（1）对周围事物有好奇心，能就感兴趣的内容提出问题。

（2）热心参加校园、社区活动。结合语文学习，能用口语（手语）或图文等方式表达自己的见闻。

第二学段（4~6年级）

1. **识字与写字**

（1）对学习汉字有浓厚的兴趣，养成主动识字的习惯。

（2）累计认识常用汉字2000个左右，其中1600个左右会写。

（3）学会用部首检字法查工具书。

（4）能用硬笔熟练地书写楷书，行款整齐。开始学习使用毛笔临摹正楷字帖，在书写中体会汉字的优美。

2. 阅读

（1）主动阅读，学习使用工具书扫除阅读障碍。

（2）正确、有表情地读课文。初步学会默读课文，做到不出声、不指读。开始学习略读，粗知文章大意。能背诵指定的课文。

（3）能联系上下文，借助工具书和已有的生活经验读懂词句的意思，体会课文中关键词句表达情意的作用。在理解语句的过程中，体会句号和逗号的不同用法，了解冒号、引号、书名号的一般用法。

（4）能初步把握课文的主要内容，能对课文中不理解的地方提出疑问。

（5）能复述叙事性作品的大意，与他人交流自己的阅读感受。

（6）积累课文中优美的词语和精彩的句段，收集阅读和生活中获得的语言材料。背诵优秀诗文50篇（段）。

（7）养成读书看报的好习惯。课外阅读总量在45万～75万字。

3. 习作

（1）培养书面表达的兴趣，逐步增强习作自信心。

（2）养成正确、有顺序地观察事物的习惯，能不拘形式地写下自己的见闻、感受和想象。

（3）学习修改习作中有明显错误的词句。根据表达需要，会使用冒号、引号。

（4）课内习作每学年16次左右。

4. 言语交际

（1）能熟练地用口语或手语交谈。在交谈中能认真倾听（看），能把握主要内容。

（2）能清晰明白地讲述见闻，并说出自己的想法和感受。

5. 综合性学习

（1）能提出学习和生活中的问题，运用查找资料的基本方法，有目的地搜集资料。

（2）能在老师的指导下组织有趣味的语文活动，在活动中学语文。

（3）在家庭生活、学校生活中，尝试运用语文知识和能力解决简单问题。

第三学段（7~9年级）

1. 识字与写字

（1）累计认识常用汉字2500个左右，其中2200个左右会写。能辨析学过的形近字、同音字、多音字。

（2）主动运用自己喜欢的检字方法，使用工具书识字学词，扫除阅读中的障碍。

（3）学会用硬笔写规范、通行的行楷字，提高书写的速度。

（4）能用毛笔书写楷书，体会书法的审美价值。

2. 阅读

（1）具有浓厚的阅读兴趣，养成良好的阅读习惯，掌握阅读的基本方法。

（2）能够用多种方法进行阅读。养成默读的习惯，有一定的速度，阅读一般的现代文每分钟不少于300字。学习略读和浏览，能把握文章的大概意思。

（3）能联系上下文和自己的生活经验，借助工具书理解课文中有关词和句的意思。体会句子的表达方式和感情色彩。揣摩文章的表达顺序，体会作者的思想感情，初步领悟文章基本的表达方法，能提出自己的看法和疑问。在理解课文的过程中，体会常用标点符号的不同用法。

（4）阅读叙事性作品，了解事件梗概，能简单描述自己印象最深的场景、人物、细节，说出自己的感受。阅读诗歌，大体理解诗意，体会诗人的情感。初步了解议论文、说明性文章的基本表达方法。

（5）学习利用图书馆、网络收集需要的信息和资料，拓宽视野，帮助阅读。

（6）能制订自己的阅读计划，广泛阅读各种类型的读物。课外阅读总量不少于150万字。每学年阅读一两部名著。背诵优秀诗文50篇（段）。

3. **写作**

（1）能用书面方式表达自己的意思，主动与人交流。对写作有自信心。

（2）能根据日常生活的需要，运用常见的表达方式，具体明确、文从字顺地表达自己的意思。

（3）养成留心观察周围事物的习惯，有意识地丰富自己的见闻，积累习作素材。

（4）能写简单的记叙文和说明文。能根据内容表达的需要分段表述。能写常用的应用文。

（5）能修改自己的习作。正确使用常用的标点符号。

（6）习作要有一定速度。课内习作每学年 16 次左右。

4. **言语交际**

（1）能用所学的语文知识和能力，自信地表达自己的观点，进行言语交际。

（2）能根据对方的表达方式（口语、手语、书面语），理解对方的意图和观点。能注意对象和场合，文明得体地进行交流。

（3）在交际时，能较为准确地表达自己的看法，有中心，有条理。

5. **综合性学习**

（1）为解决学习和生活相关问题，会利用图书馆、网络等渠道获取资料信息。

（2）能策划简单的校园和社会活动，学写活动计划和活动总结。

（3）关心学校、本地区和国家的大事，就共同关注的热点问题搜集资料，能用文字、图表、图画、照片等展示成果。

三　实施建议

（一）教材编写建议

（1）教科书编写要以马克思主义和"三个代表"重要思

想为指导，坚持面向现代化、面向世界、面向未来。

（2）教科书编写应体现时代要求、现代意识和人文精神，关注人类、关注社会、关注自然，理解和尊重多样性文化，帮助聋生形成正确的价值观、人生观和世界观。

（3）教科书编写要继承和发扬中华民族优秀文化，增强聋生的民族自尊心和爱国主义情感，养成尊老爱幼的传统美德。

（4）教科书编写应遵循聋生特点和规律，适应聋生的认知水平，密切联系聋生的经验世界和想象世界，贴近聋生生活实际，做到图文并茂，激发他们的学习兴趣和创新能力。

（5）教科书选文要具有典范性，富有文化内涵和时代气息。选材要符合聋生参与主流社会的要求，教科书的呈现方式要丰富多样，难易程度适应聋生学习的要求。

（6）教科书内容的安排应注重情感态度与知识能力之间的联系，致力于聋生语文素养的整体提高，有利于聋生在实践中学会学习。

（7）教科书应突出引导聋生掌握语文学习的方法，关注聋生原有的语言经验，加强对聋生语言能力的培养。要多提供给聋生语言实践的环境，注重语言的积累和感悟，培养语感和语文能力。

（8）教科书要重视现代信息技术在语文课程中的应用，注意利用校内外各种资源、各种渠道汲取信息，促进聋生的学习与发展。

（9）教科书应引导聋生扩大阅读量，并结合聋生阅读特点和能力，适当增加和编写课外阅读读本和建议阅读的篇目。

（10）教科书应具有开放性和弹性。在合理安排课程内容的基础上，给地方、学校和教师留有开发、选择的空间，为聋生选择和拓展提供方便。

（二）课程资源的开发与利用

（1）聋校语文课程资源包括课堂教学资源和课外学习资源，内容包括教学挂图、教科书、工具书等图书，报刊以及影视网络、社会活动、自然风光、文物古迹、风俗民情、国内外重要事件等，还包括反映聋生的学习、生活、交往、娱乐等方面的内容。

（2）聋校应认真分析本地和本校的特点，积极挖掘社区资源和乡土资源，结合语文教科书给聋生创设多元化的教学环境。要加强语文的本土化教学，因地制宜，使聋生能够有针对性、创造性地进行学习。

（3）聋校应积极创造条件，努力为语文教学配置相应的设备，注意开发网络资源；还应争取社会各方面的支持，与社区建立稳定的联系。

（4）教师应开展多种形式的语文学习活动，多方面提高聋生的综合能力，增强聋生在各种条件下学用语文的意识，如用手语讲课文故事、借助插图描述课文内容等，通过学习家乡的文化，热爱自己的家乡。

（三）教学建议

1. 满足不同层次聋生的需求

语文教学应创设自主的学习环境，激发聋生的学习兴趣，注重培养他们自主学习的意识和习惯，满足不同层次聋生学习的需求，尊重聋生的个体差异，鼓励他们选择适合自己的学习方式，引导聋生质疑、探究，在实践的过程中学会学习。

教师是教学活动的组织者和引导者，教师应认真钻研教科书，精心设计方案，对每一位聋生的已知和未知要有一个准确的把握，因此应转变观念，更新知识，不断提高自身的素养。要善于理解和使用教科书，积极开发课程资源，灵活运用教学策略，实施分类教学和个别化教学。

2. 努力体现语文的实践性和综合性

改进语文课堂教学模式，整体考虑知识与能力、情感与态度、过程与方法的综合，提倡启发式教学，倡导讨论式、合作式学习。

沟通课堂内外，充分利用各种教育资源，拓宽聋生的学习和实践空间，逐步提高聋生对语言的感受、理解、积累、运用能力，使聋生能够适应社会生活。

3. 重视情感、态度、价值观的正确导向

语文教学应培养聋生良好的个性品质、健康的审美情趣，形成正确的价值观，并将这些要求贯穿、渗透于日常的教学活动之中。

4. 加强潜能开发，注重语言发展

教师应发现、关注和开发聋生的潜能，重视语言的积累和发展，从实际出发，创设情境。要激发聋生学习的积极性，使获得知识和技能的过程成为学会学习、学会合作、学会关心、学会生存的过程，促进聋生的可持续发展，为聋生的终身学习打好基础。

5. 遵循聋生学习的规律选择教学策略

聋生的生理、心理具有特殊性，其学习能力、水平具有差异性，语文能力的发展也具有不同的阶段特征，应有针对性地采取合适的教学策略，关注聋生在原有起点上的提高，促进聋生语文素养的整体提高。

（1）关于识字写字、汉语拼音教学

识字教学要注重教给识字方法，力求识字与写字、识字与读书相结合。要运用多种形象直观的教学手段，创设丰富多彩的教学情境，提倡在环境中学习。同时注意利用聋生的生活经验，将他们熟识的语言因素作为识字教学的辅助材料。

写字教学要重视对聋生写字姿势的指导，使他们掌握基本的书写技能，养成良好的书写习惯。

汉语拼音教学要有趣味性，以活动游戏和观察演示为主要教学方式，与学说普通话、汉语手指字母和识字教学有机结合。

聋人手语可丰富聋生的语言，帮助识字学词，可根据实际情况与识字教学同步进行。

（2）关于阅读教学

阅读教学的核心目标和任务是具有独立阅读的能力，形成较丰富的积累，注重情感体验，培养良好的语感，各学段各有侧重，有机结合。要珍视聋生独特的理解、体验与感受，让聋生在主动积极的思维和情感活动中获得思想启迪，享受审美乐趣。

各个学段都要重视阅读能力的提高，加强对阅读方法的指导，让聋生逐步学会粗读、精读。要重视聋生背诵的训练，以利于体验、积累，培养语感。

为帮助聋生理解课文，可引导聋生随文学习相关的语法修辞知识。

鼓励聋生自主选择阅读材料，培养聋生广泛的阅读兴趣，提倡多读书、爱读书、读好书，扩大阅读面，增加阅读量。

重视养成良好的读书习惯，注意聋生阅读时的心理卫生和用眼卫生。

（3）关于写作教学

写作教学应引导聋生关注现实，热爱生活，表达真情实感。懂得写作是为交流需要而为，让聋生易于动笔，乐于表达。

低年级从写话、习作入手，是为了降低起始阶段的难度，重在培养聋生的写作兴趣和自信心。

中、高年级应注重培养聋生在写作中的观察、思考、评价的能力。要求聋生说真话、实话。激发聋生展开想象，鼓励写想象中的事物。

为聋生的自主写作提供有利条件和广阔空间，减少对聋生的写作束缚，鼓励自由表达和有创意的表述。

注意引导聋生抓住取材、构思、起草、加工等环节，让聋生在实践中学会写作。重视引导聋生在自我修改和相互修改的过程中，提高写作能力。

（4）关于言语交际教学

语言交际能力是聋生参与社会生活的必备能力，是与对方的互动过程。要培养聋生理解、表达和应对的能力，使聋生具有自然、文明、和谐地进行人际交往的素养。

教学活动应在具体的语言交际情境中进行。采用灵活的形式组织教学，鼓励聋生在各种教学活动和日常生活中锻炼语言的应用能力，提高交往与沟通的意识与能力。

（5）关于综合性学习

综合性学习体现了语文知识的综合运用，听说读写能力的整体发展、语文课程与其他课程的沟通、书本学习与实践活动的紧密结合。要鼓励聋生走出校园，走向社会，通过综合性学习，使聋生能在广阔的空间学语文、用语文，丰富知识，开阔视野，锻炼能力。

要充分利用现实生活中的语文教育资源，优化语文学习环境，努力构建课内外联系、校内外沟通、学科间融合的语文教育体系。

引导聋生开展丰富多彩的实践活动，拓宽语文学习的形式和渠道，突出聋生的自主性，重视他们的参与精神，强调合作精神，在活动中发展和提高聋生的语文综合能力。

（四）评价建议

1. 评价目的着眼于发展性

语文课程评价的目的不仅是为了考查聋生达到学习目标的程度，更是为了检验和改进聋生的语文学习和教师的教学，改进课程设计，完善教学过程，使评价过程成为帮助聋生认识自我、建立自信、走向自强的过程。

2. 评价内容体现全面性

语文评价要从关注语文学习结果的评价转向既关注结果更重视过程的评价，使聋生的成长过程成为评价的组成部分。评价要从知识与能力、过程与方法、情感态度与价值观等方面入手，全面考查聋生的语文素养。不仅要关注基础知识、技能，还要重视聋生潜能的发展，关注聋生的实践能力、创新精神、心理素质以及情绪态度和习惯等综合素质的形成。

3. 评价标准强调差异性

语文评价既要体现对聋生的基本要求，又要关注聋生个体间的差异性和发展的不同需求，不能以划一的标准来评价聋生。要注意聋生的学习基础和各学段学习的特点，促使其在原有的水平上得到提高。教师在进行分类教学的同时，对聋生的学习个案进行分析，客观地描述聋生语文学习的进步和不足，并提出合理化的建议，用最有代表性的事实来评价聋生。对聋生的日常表现，应以鼓励、表扬等积极评价为主，采用激励性评语，从正面加以引导。

4. 评价方式提倡多样化

语文评价要注意运用多种形式，采取考试、课堂观察、课后访谈、作业分析、操作、实践活动等方式，做到定量和定性评价相结合，特别是定性评价；在终结性评价的同时，加强形成性评价。提倡采用成长记录袋的方式，收集反映聋生语文学习过程和结果的资料，记录聋生的成长过程。评价结果的呈现方式除了分数或等级外，还应用最有代表性的事实结果描述聋生语文学习的进步和不足，并提出建议。

5. 评价主体做到多元化

改变教师单一评价聋生的做法，逐步建立教师评价、聋生自评与互评、社区与家长参评的评价制度。

结合聋生的平时学习成绩对聋生的语文学习个别化档案资

料和考试结果进行分析，客观地描述聋生的进步和不足，并提出建议。

评价时，用最有代表性的事实来评价聋生，要尊重聋生的个体差异，注重成长过程中的点滴进步，促进每个聋生的健康发展。

6. 具体建议

评价应根据各学段达成目标，抓住关键，突出重点，进行全面综合评价。

（1）汉语拼音、识字写字

①汉语拼音能力的评价，重在考查聋生认读和拼读的能力，做到发音口形正确，以及借助汉语拼音认读汉字、纠正口形的考查。

②评价识字要考查聋生认清字形、读准字音、掌握汉字基本意义的能力，在具体语言环境中运用汉字的能力，借助工具书识字的能力。不同的学段应有不同的侧重。

③重视聋生写字姿势和习惯，做到书写得正确、规范、整洁。

（2）阅读

①阅读评价要综合考查聋生在阅读过程中的感受、体验、理解和价值取向，考查阅读的兴趣、方法与习惯，以及阅读材料的选择和阅读量。根据阅读内容适当考查语法、修辞知识。

②朗读的评价，可从语音（口形）、手语和感情等方面进行综合考查，特别考查对内容的理解和文体的把握。诵读的评价，考查聋生在诵读实践中的积累量。默读评价应根据各学段目标，从聋生默读的方法、速度、效果和习惯等方面进行综合考查。

③精读的评价，重点评价聋生的综合理解能力。根据各学段的目标，具体考查聋生在词句理解、内容把握、作品感受等方面的能力和表现。

④略读的评价，重在考查能否把握阅读材料的大意；评价浏览能力，重在考查能否从阅读材料中捕捉重要信息。

⑤文学作品的阅读评价，可着重考查聋生对形象的感受和情感的体验，特别应对聋生独特的理解加以鼓励。

⑥对古诗文的评价，应重点考查聋生记诵积累的过程和是否能凭借注释和工具书理解诗文大意。

（3）写作

①写作评价要根据学段的目标，综合考查聋生作文水平的发展状况，应重视对写作的过程与方法、情感与态度的评价，如是否有写作的兴趣和良好的习惯，是否表达了真情实感，是否掌握了语言表达的基本方法等。

②写作材料的准备过程应引导和促使聋生通过观察、交流、阅读、思考等多种手段，搜集生活中的材料。

③作文修改要注意考查聋生修改作文的态度、过程、内容和方法。引导聋生通过自改和互改，取长补短，共同提高。

④采用多种评价方式。一是建立聋生写作档案，全面反映聋生的写作实际情况和发展过程。内容包括聋生有代表性的作文、写作态度、典型案例分析记录等。二是聋生作文评价结果的呈现方式：可以是书面的，也可以是口头的；可以用等第表示，也可以用评语表示；还可以采用综合评价形式。

（4）言语交际

评价聋生的言语交际能力，应重视他们参与的意识和情感态度。评价必须在具体的交际情境中进行，利用语文教学的多种环节，采用灵活的形式组织教学，让聋生无拘无束地进行交流，反映出真实的口语表达能力、手语表达能力、书面语表达能力。

（5）综合性学习

综合性学习的评价应着重考查聋生的主动参与的积极性、解决问题的合作探究精神以及语文综合运用的能力。要让聋生开展自我评价和相互评价。教师评价要从正面出发，积极引导，使聋生的综合素质在学科综合活动中得到发展和提高。

评价的着眼点主要在活动中的合作态度和参与程度上，考查聋生能否积极地为解决问题去搜集资料、分析思考，语文知识和能力的综合运用表现，学习成果的展示与交流。

参考文献

中文部分

白瑞霞:《聋人大学生汉语学习困难因素探析》,《绥化学院学报》2014年第1期。

白学军、沈德立:《初学阅读者和熟练阅读者阅读课文时眼动特征比较研究》,《心理发展与教育》1995年第2期。

白学军、阎国利:《儿童理解课文时眼动过程的研究》,《天津师大学报》1993年第6期。

曹锋、朱曼姝:《儿童阅读理解监察能力的初步研究》,《心理科学》1989年第6期。

曹光灿:《阅读本质论》,《西南师范大学学报》(哲学社会科学版)1996年第1期。

陈建军:《聋校中高年级语文阅读教学存在问题及改进策略》,《绥化学院学报》2014年第2期。

邓铸:《眼动心理学的理论、技术及应用研究》,《南京师大学报》(社科版)2005年第1期。

狄亚、于文芳、檀英:《中国1987年残疾人抽样调查资料》,全国残疾人抽样调查办公室,1989。

丁萍萍：《创设语言环境，提高聋生书面语表达能力》，《中国特殊教育》2004年第11期。

董奇：《元认知与思维品质关系性质的相关实验研究》，《北京师范大学学报》1990年第5期。

杜晓新、冯震：《元认知与学习策略》，人民教育出版社，1999。

杜晓新、宋永宁、黄昭鸣：《组织结构图标记对文本整体信息理解与保持的影响》，《心理科学》2006年第5期。

杜晓新：《学习困难儿童学习策略训练模式的比较与研究》，《外国中小学教育》2002年第1期。

杜晓新：《学习困难儿童学习策略训练模式的构建与实践》，博士学位论文，华东师范大学，2005。

杜晓新：《阅读中认知策略及元认知策略相关及实验研究》，《心理科学》1997年第20期。

杜月红：《阅读过程中的理解监控特点及策略综述》，《社会心理科学》2003年第4期。

冯建新：《聋童与听力正常儿童汉字形音义加工比较研究》，《中国特殊教育》2003年第6期。

韩玉昌：《眼动仪和眼动实验法的发展历程》，《心理科学》2000年第4期。

何文明：《聋生语文学习情况调查研究》，《中国特殊教育》2001年第1期。

何文明：《聋校教学语言效率研究》，《中国特殊教育》2003年第1期。

贺荟中、贺利中：《聋生篇章阅读过程的眼动研究》，《中国特殊教育》2007 年第 11 期。

贺荟中：《聋人阅读研究进展与动态》，《中国特殊教育》2004 年第 5 期。

贺荟中：《聋生与听力正常学生语篇理解过程的认知比较》，博士学位论文，华东师范大学，2003。

黄红燕：《关于聋生书面语言技能的培训及训练》，《中国特殊教育》2004 年第 4 期。

季佩玉、黄昭鸣：《聋校语文教学法》，华东师范大学出版社，2006。

金野、宋永宁：《聋生听力状况与读写成绩及认知能力关系的实验研究》，《心理科学》2008 年第 3 期。

李伟健、李锋盈：《附加问题对不同类型学生阅读理解影响的实验研究》，《心理科学》2005 年第 3 期。

李伟健：《学习困难学生阅读理解监视的实验研究》，《心理与行为研究》2004 年第 1 期。

李伟健：《学习困难学生阅读元认知实验研究》，杭州出版社，2004。

林宝贵、黄玉枝：《听障学生国语文能力及错误类型之分析》，《特殊教育研究学刊》1997 年第 15 期。

林崇德、辛涛：《智力的培养》，浙江人民出版社，1996。

凌枫芝、于萍、王荣媛：《国外阅读理解监控教学模式述评》，《云南师范大学学报》（哲学社会科学版）2000 年第 1 期。

刘建华：《听障生阅读现状的调查分析与阅读指导的建议》，《北京联合大学学报》2003 年第 2 期。

刘晓明:《听障大学生阅读理解监控的眼动研究》,《中国特殊教育》2012年第1期。

刘新颜:《不同类型学生阅读理解监控能力的发展研究》,硕士学位论文,天津师范大学,2006。

刘新颜、关善玲、冯本才、范晓红、郭洁:《语文学困生与学优生阅读理解监控的发展研究》,《心理与行为研究》,2006年第3期。

卢凤:《聋生工作记忆与录像呈现条件下语言理解的关系》,硕士学位论文,华东师范大学,2007。

卢红、王黎:《阅读理解监控研究进展》,《心理研究》2010年第4期。

马笑霞:《阅读教学心理学》,河北教育出版社,1997。

梅次开:《梅次开聋教育文集》,学林出版社,2000。

梅次开:《上海市1999年聋校初中毕业生语文阅读能力的测试与分析》,《特殊教育研究》2000年第3期。

穆昕:《听觉障碍中学生汉语阅读理解模式研究》,硕士学位论文,辽宁师范大学,2005。

秦宁箴:《组织策略训练对7年级聋生阅读效果影响的实验研究》,硕士学位论文,华东师范大学,2008。

沈德立:《学生汉语阅读过程的眼动研究》,教育科学出版社,2001。

宋永宁、杜晓新、黄昭鸣、贾彩贞:《组织策略及其对聋校语文阅读教学的启示》,《中国特殊教育》2007年第1期。

宋永宁、杜晓新、黄昭鸣:《聋生段落、篇章阅读中标记效应的实验研究》,《中国特殊教育》2006年第10期。

隋雪：《学习困难生阅读过程的眼动特征》，博士学位论文，辽宁师范大学，2004。

孙彬彬：《聋生语篇阅读过程中的连接推理研究》，硕士学位论文，华东师范大学，2009。

孙喜斌：《第二次残疾人抽样调查听力残疾标准介绍》，《中国听力语言康复科学杂志》2001年第1期。

孙喜斌、李兴启、张华：《听力残疾标准解读》，《中国残疾人》2006年第5期。

孙喜斌、李兴启、张华：《中国第二次残疾人抽样调查听力残疾标准介绍》，《听力学及言语疾病杂志》2006年第6期。

谈秀菁：《聋校语文教学研究现状分析》，《中国特殊教育》2003年第2期。

王恩国：《学习困难儿童的工作记忆研究》，中国社会科学出版社，2008。

王和平、杜晓新、房安荣、刘希、蒋文清：《注意缺陷多动症伴学习困难儿童自我监控训练的个案研究》，《中国特殊教育》2004年第5期。

王敬欣：《聋人和听力正常人语言理解和生成的实验研究》，《中国特殊教育》2000年第1期。

王瑞明、吴迪、邹艳荣等：《连贯性对文本表征意识性的影响》，《心理学报》2011年第10期。

韦雪艳、路海东：《国外阅读理解监控策略研究综述》，《长春师范学院学报》2001年第9期。

邢丹、王亦男、韩玉昌：《听力障碍儿童篇章阅读的眼动特征》，《中国健康心理学杂志》2010年第2期。

徐富明、白学军、沈德立、施建农：《对阅读理解监控及其发展的直接测量》，《心理科学》2009年第1期。

阎国利：《眼动分析法在心理学研究中的应用》，天津教育出版社，1998。

阎国利：《眼动分析法在心理学中的应用》，天津教育出版社，1998。

阎国利：《阅读发展心理学》，安徽教育出版社，2004。

杨双、刘翔平、林敏、宋雪芳：《阅读理解困难儿童的理解监控特点》，《中国特殊教育》2006年第4期。

杨双、刘翔平、张婧乔、张琇秀：《阅读理解困难儿童的理解监控能力研究》，《心理发展与教育》2006年第3期。

尹丽娜：《初中生英语阅读理解元认知问卷的编制》，硕士学位论文，东北师范大学，2006。

于鹏、徐富明、焦毓梅：《阅读理解监控研究的回顾与展望》，《天津师范大学学报》（社会科学版）2004年第4期。

余建华：《初中生阅读理解监控能力的研究》，硕士学位论文，华东师范大学，2002。

俞国良、张雅明：《学习不良儿童元记忆监测特点的研究》，《心理发展与教育》2006年第3期。

袁茵、穆昕：《美国听觉障碍者阅读研究热点问题回顾》，《中国特殊教育》2004年第5期。

袁茵：《听觉障碍中小学生汉语阅读能力研究》，博士学位论文，辽宁师范大学，2004。

昝飞：《聋生汉字加工中语音编码作用的实验研究》，博士学位论文，华东师范大学，2002。

曾祥芹、韩雪屏:《阅读学原理》,大象出版社,1992。

张蓓莉:《听觉障碍学生之语言能力研究》,《特殊教育研究学刊》1989年第5期。

张必隐:《阅读心理学》(修订版),北京师范大学出版社,2004。

张茂林:《听障学生阅读理解中的策略运用及其眼动特点研究》,博士学位论文,华东师范大学,2010。

张宁生:《听力残疾儿童心理与教育》,辽宁师范大学出版社,2002。

张茹:《关于聋校语文教学的几点思考学术研究》,2014年第3期。

张森、李京诚、徐守森、高晓东、江智:《眼动仪的开发现状及其在运动心理学中的应用》,《首都体育学院学报》2007年第3期。

张兴利、白学军、阎国利:《类别指称对象提取过程的眼动研究》,《心理与行为研究》2004年第3期。

赵璇:《汉语学习者中文阅读理解监控能力研究》,硕士学位论文,华东师范大学,2006。

周勇:《国外关于阅读理解监控的研究综述》,《心理发展与教育》1992年第3期。

英文部分

Baker, L., & Brown, A. L. (1984). Metacognitive Skills and Reading. In P. D. Pearson (Ed.), *Handbook of Reading Research* (353 - 394). New York: Longman.

参考文献

Baker, L. Children's Effective Use of Multiple Standards for Evaluating Comprehension. *Journal of Educational Psychology*, 1984, 76: 588 – 597.

Balow, I. B., & Brill, R. G. (1975). An Evaluation of Reading and Academic Achievement Levels of 16 Graduating Classes of the California School for the Deaf, Riverside. *The Volta Review*, 77, (4), 255 – 266.

Bernice. L. Wong. Metacognition and Learning Disabilities. In Bernice. L. Wong. *The ABCs of Learning Disabilities.* Academic Press, Inc. 1996: 120 – 139.

Canney, G., Winognrd. *Schemata for Reading and Reading Comprehension Performance*. Urbana: University of *Linois*, Center for the Study of Reading, 1979.

Commander, Stanwyck. Illusion of Knowing in Adult Readers: Effects of Reading Skill and Passage Length. *Contemporary Educational Psychology*, 1997, 22: 39 – 52.

Danner, F. W. Children's Understanding of Intersentence Organization in the Recall of Short Descriptive Passages. *Journal of Educational Psychology*, 1976, 68, 174 – 183.

Davey, B., (1987). Postpassage Questions: Task and Reader Effects on Comprehension and Metacomprehension Processes. *Journal of Reading Behavior.* 79, 3, 261 – 283.

Ericsson K. A., Simon H. A. 1993. *Protocol Analysis: Verbal Reports as Data.* Cambridge, MA: MIT Press. 2nd ed.

Flavell, J. H. (1979). Metacognition and Cognition Monitoring: A New Area of Cognitive Developmental Inquiry. *American Psychology*, 34, 10, 906 – 911.

Forrest, D. L., Waller, T. G. Cognitive and Metacognitive Aspects of Reading, Paper presented at the meeting of the Society for Research in Child Development, San Francoso, 1979.

Furth, H. (1966). A Comparison of Reading Test Norms of Deaf and Hearing Children. *American Annals of the Deaf*, 111, 461 – 462.

Gagne, E. D. (1985). *The Cognitive Psychology of School Learning*, Boston: Little, Brown and Company.

Garner, R. Efficient Text Summarization and Benefits. *Journal of Educational Psychology*, 1982, 75: 275 – 279.

Garner. R. Monitoring of Passage Inconsistency among Poor Comprehenders: A Preliminary Test of "Piecemeal Processing" Exploration. *Journal of Educational Research*, 1981, 74, 159 – 162.

Garner. R., Taylor, N. Monitoring of Understanding: An Investigation of Attentional Assistance Needs at Different Grade and Reading Proficiency Levels, Reading Psychology 1982, 3: 1 – 6.

Jackson. Paul, Smith. Prior Knowledge and Reading Comprehension Ability of Deaf Adolescents. *Journal of Deaf Studies and Deaf Education*, 1997, 2 (3): 172 – 184.

Jensema, D. (1975). The Relationship between Academic Achievement and the Demographic characteristics of Hearing – Impaired Children and Youth. Washington, D. C.: Gallaudet College. Office of Demographic Studies.

Kdelly. (1996). The Interaction of Syntactic Competence and Vocabulary during Reading by Deaf Students. *Journal of Deaf Studies and Deaf Education*, 1: 75 - 90.

Kelly, R. R., Albertini, J. A., & Shannon, N. B. (2001). Deaf College Students' Reading Comprehension and Strategy Use. *American Annals of the Deaf*, 146 (5), 385 - 400.

Kelly. The Interaction of Syntactic Competence and Vocabulary during Reading by Deaf Students. *Journal of Deaf Studies and Deaf Education*, 1996, 1: 75 - 90.

King. Effects of Training in Strategic Questioning on Children Problem - Solving Performance. *Journal of Educational Psychology*, 1991, 83: 307 - 317.

Kinnunen, R., Vauras, M., & Niemi, P.. omprehension Monitoring in Beginning Readers. *Scientific Studies of Reading*, 1998, 2 (4): 353 - 375.

McAnally, P. L., Rose, S. & Quigley, 5. (1999). *Reading Practices with Deaf Learners. Austin*, TX: PRO - ED.

Myers M. & Paris S. G. Children's Metacognitive Knowledge about Reading. *Journal of Educational Psychology*, 1978 (70).

Rayner K., Frazier L. Selection Mechanisms in Reading Lexically Ambiguous Words. *Journal of Experimental Psychology: Learning, Memory, and Cognition*, 1989, 15: 779 - 790.

Reich, C., Hambletion, O., & Houldin, B. (1977). The Integration of Hearing - Impaired Children in Regular Classes. *American Annals of the Deaf*, 122, 534 - 543.

Schirmer, B. R. (2003). Using Verbal Protocols to Identify Reading Strategies of Students Who Are Deaf. *Journal of Deaf Studies and Deaf Education*, 8, 157-170.

Schlling, H. H. , Rayner K. , Chumbley, J, I. Comparing Naming Lexical Decision, and Eye Fixation Times: Word Frequency Effects and Individual Differences. *Journal of Verbal Learning and Verbal Behavior*, 1998, 26: 1270-1281.

Schraw. Promoting General Metacognitive Awareness, *Instructional Science*, 1998, 26: 113-125.

Skarakis-Doyle, E. Young Children's Detection of Violations in Familiar Stories and Emerging Comprehension Monitoring. *Discourse Processes*, 2002, 33 (2): 175-197.

Smith, H. K. The Response of Good and Poor Readers When Asked to Read for Different Purposes. *Reading Research Quarterly*, 1967, 3, 53-84.

Strassman, B. K (1992). Deaf Adolescents' Metacognitive Knowledge about School-Related Reading. *American Annals of the Deaf*, 137: 326-330.

Susan Z. The Relative Contributions of Word Identification Skill and Comprehension-Monitoring Behavior to Reading Comprehension Ability. *Contemporary Educational Psychology*, 2000, 25: 363-377.

Thomas, Nelson. Consciousness, Self-Consciousness, and Meta-cognition. *Academic Press*, 2000, (9): 220-223.

Trabasso, T. & Magliano, J. P. Conscious Understanding during Comprehension. *Discourse Process.* 1996. In press.

Trybus, R. (1985). *Today's Hearing - Impaired Children and Academic Profiles.* Washington, D. C.: Gallaudet Research Institute.

Trybus, R., & Karchmer, M. (1977). School Achievement Scores of Hearing - Impaired Children: National Data on Achievement Status and Growth Patterns. *American Annals of the Deaf*, 122: 62-69.

Walczyk, J. J, & Hall, V. C. Effects of Examples and Embedded Questions on the Accuracy of Comprehension Self - Assessment. *Journal of Educational Psychology.* 1989, 81 (3): 435-437.

Walker, Richards. Literal and Inferential Reading Comprehension of Students Who Are Deaf of Hard of Hearing. *Volta Review*, 1998, 100: 87-104.

Weaver Bryant. Monitoring of Comprehension: The Role of Text Difficulty in Metamemory for Narrative and Expository Text. *Memory Cognition*, 1995, 23 (1): 12-22.

Whimbey, A. Intelligence Can Be Taught. New York: Dutton, 1975: 57.

Wrightstone, J., Aronow, M. & Moskowitz, S. (1963). Developing Reading Test Norms for Deaf Children. *American Annals of the Deaf*, 108, 311-316.

后 记

本书是我在博士学位论文基础上修改而成的,在此,有必要对来自方方面面的帮助与支持,致以我发自肺腑的感谢。

首先感谢我的母校——华东师范大学。在这个美丽的校园里,我度过了本科、硕士、博士十年的光阴。我熟悉这个校园,一草一木是那么亲切。大学的第一堂课是在文附楼116室上的,第一间宿舍是8舍233室,第一个辅导员是昝飞老师,第一顿饭吃的是河东食堂的酸辣粉,第一次自习课去的是文史楼,第一次跳舞是参加系里组织的扫盲班,第一次去图书馆借的是《心理学史》……读硕期间,在丽娃湖畔,我与我的先生相识、相恋,最终走入婚姻殿堂;文史楼前的大草坪上有儿子蹒跚学步的身影……这里承载着我太多的回忆。

感谢特殊教育学系。作为特殊教育学系的首届本科毕业生,我有幸成为中国特殊教育发展的见证人。感谢特殊教育学系对我多年的培养。

感谢言语听觉康复科学教育部重点实验室。感谢实验室提供给我们一个科研的平台。

工作5年后,我再次回到母校攻读博士学位。我非常庆幸读博的3年时间,使我有时间停下脚步思考人生的发展方向和

后 记

重新定位。我由衷地向曾经帮助我的各位老师和同学表达最诚挚的谢意。

感谢我的导师杜晓新教授。在与杜老师相识的15年间，从他那里获得的不仅仅是学术的指引，更多的是"先做人、后做事"的人生哲理。杜老师是一位真正的开拓性学者，他与时俱进，率先提出特殊教育"医教结合"理念，成为中国首个特殊教育学系和中国首个言语听觉康复科学系的首任系主任。他治学严谨，勇于奉献，为中国特殊儿童的康复事业呕心沥血。他堪称我国特殊教育事业的孺子牛，是学生们人生真正的典范。

感谢言语听觉康复科学教育部重点实验室主任黄昭鸣教授。黄老师留学国外多年，具有国际化的战略眼光和经验，回国后一直致力于言语听觉康复专业的开创与建设。他博学睿智，聆听他的教诲，能感受到他的学术思想和方法的精深与独到。感谢黄老师对我生活和学习方面的指导。

此外，读博期间，特殊教育学系方俊明教授、张福娟教授、金瑜教授、刘春玲教授、王和平副教授、江琴娣副教授、昝飞副教授、贺荟中副教授、曾凡林副教授、于素红副教授，学院教学办公室的程辰老师，心理学系邵志芳副教授，言语听觉康复科学系金野副教授、刘巧云副教授、卢红云老师、万勤老师，实验室董学华老师、卢海丹老师、陆丽娟老师，各位老师给我的指导与帮助，晓明终生难忘！

感谢在我论文写作过程中，提供给我帮助的各位朋友、老师：上海市第四聋校金育萍校长、秦宁箴老师，上海市徐汇区未成年人心理援助中心主任陈瑾瑜老师，上海市金陵中学陆洪

219

范老师，上海市徐汇区业余大学沈雪晴老师，南京特殊教育职业技术学院张茂林老师、张伟峰老师，言语听觉康复科学教育部重点实验室徐灵芝老师。各位老师提供的帮助是论文相关实验得以顺利进行的基本保障，再次向各位老师致以谢意。

感谢一起求学的师弟师妹：邱天龙、杨宇然、张青、张雷、严舒、赵航。成为杜老师的弟子，是我们的幸运。

感谢读博期间的诸多同窗好友：荆伟、刘建菊、胡金秀、宋兵、华晓慧、陈琳、宋占美、董素芳、孙铧郡、张磊。成为同学，是我们的缘分。

感谢外籍专家金河庚女士。她对专业的追求与热爱让我受益匪浅。

感谢上海市妇联蔡红霞老师。多年来我们情同手足，感谢她对我的诸多帮助。

感谢闺蜜信息学院塔维娜博士，我们相识、相知十二载，风雨同舟，愿友谊长存。

感谢挚友林云强，感谢他在论文写作过程中给我的诸多帮助与指导。

感谢敬爱的外公外婆。我从小在外公外婆身边长大，他们是我最早的启蒙老师。耳濡目染，使我接受传统文化的熏陶，为我步入学术道路奠定了良好的基础。而今外公外婆均已近90岁高龄，在读博期间给予我巨大的精神支持。在向外公外婆致谢的同时，祝愿他们健康、长寿。

感谢我的父亲母亲以及公公婆婆。四位老人在我读书期间，轮流担负起照顾家庭生活的重任。感谢他们无私的理解与支持。

后 记

  感谢我的爱人和儿子。和爱人董凤亮已经携手走过了十年,感谢他对我的包容与支持;读博期间,儿子董元禽小朋友也从幼儿园升入小学,感谢他的懂事,见证妈妈读博的艰辛。

  本书的出版还得益于北京联合大学的各位领导。感谢科研处叶晓处长、徐冰老师,特殊教育学院滕祥东书记、许家成院长、汪明骏院长、郝传萍老师给予的大力支持。我必将全力投入到特殊教育事业当中去,为中国的特殊教育事业贡献自己的绵薄之力。

刘晓明

2014 年 3 月于北京

图书在版编目（CIP）数据

听障大学生阅读理解监控的眼动研究 / 刘晓明著．
—北京：社会科学文献出版社，2014.6
ISBN 978-7-5097-6102-1

Ⅰ.①听… Ⅱ.①刘… Ⅲ.①听力障碍 - 大学生 - 阅读教学 - 研究 Ⅳ.①G762

中国版本图书馆 CIP 数据核字（2014）第 113974 号

听障大学生阅读理解监控的眼动研究

著　　者 / 刘晓明	
出 版 人 / 谢寿光	
出 版 者 / 社会科学文献出版社	
地　　址 / 北京市西城区北三环中路甲 29 号院 3 号楼华龙大厦	
邮政编码 / 100029	
责任部门 / 人文分社 （010）59367215	责任编辑 / 关志国
电子信箱 / renwen@ssap.cn	责任校对 / 王海荣
项目统筹 / 关志国	责任印制 / 岳　阳
经　　销 / 社会科学文献出版社市场营销中心 （010）59367081　59367089	
读者服务 / 读者服务中心 （010）59367028	
印　　装 / 三河市尚艺印装有限公司	
开　　本 / 787mm×1092mm　1/20	印　张 / 11.4
版　　次 / 2014 年 6 月第 1 版	字　数 / 160 千字
印　　次 / 2014 年 6 月第 1 次印刷	
书　　号 / ISBN 978-7-5097-6102-1	
定　　价 / 49.00 元	

本书如有破损、缺页、装订错误，请与本社读者服务中心联系更换

▲ 版权所有　翻印必究